江海直达船舶技术丛书

江海直达船型环境性论证方法与实践

蔡 薇 曾青松 吴卫国 著

科 学 出 版 社

北 京

内 容 简 介

本书阐述一种江海直达船型环境性论证方法及其实践应用，内容包括江海直达船型绿色技术适用性分析、面向绿色技术的船舶环境影响评估方法、江海直达集装箱船低碳经济收益模型的构建、全生命周期评价的简化技术与平台、船舶生命周期环境影响与能效评价系统的开发，以及低碳背景下江海直达船队多目标综合优化等内容。

本书适合船舶与海洋工程绿色船舶技术方向的教师和研究生学习使用，也可作为船舶工业界相关方向从业人员的参考资料。

图书在版编目（CIP）数据

江海直达船型环境性论证方法与实践 / 蔡薇，曾青松，吴卫国著. -- 北京：科学出版社，2025. 1. --（江海直达船舶技术丛书）.
ISBN 978-7-03-081185-1

Ⅰ. U674.1

中国国家版本馆 CIP 数据核字第 2025QB9010 号

责任编辑：郭　媛　孙伯元 / 责任校对：崔向琳
责任印制：师艳茹 / 封面设计：无极书装

科学出版社 出版
北京东黄城根北街 16 号
邮政编码：100717
http://www.sciencep.com

北京中石油彩色印刷有限责任公司印刷
科学出版社发行　各地新华书店经销
*
2025 年 1 月第　一　版　开本：720×1000　B5
2025 年 1 月第一次印刷　印张：11
字数：222 000

定价：120.00 元
（如有印装质量问题，我社负责调换）

"江海直达船舶技术丛书"编委会

"江海直达船舶技术丛书"序

  长江经济带沿线九省二市 GDP 总量占全国的 46%，其中超过十分之一来自长江航运业。江海直达运输线承载着产业从东部沿海向中西部战略转移的货物运输重任，是推动长江经济带发展的关键环节。当前的江海直达船舶呈百舸争流之态，但是缺乏统一技术规范和节能环保标准已成为制约黄金水道效能发挥、长江航运业高质量发展的瓶颈。

  受到长江天然航道对船舶的船长、吃水的限制，以及桥梁净空高的限制，为提高载货量，获取更好的经济效益，往往需要将船舶设计成宽扁型。江海直达船舶既航行于江段又航行于海段，因此必须同时满足江段灵活操纵性和海段可靠耐波性的要求。长江航道自然条件的限制对江海直达船的推进系统和操纵性提出了更高的要求。特殊的船型使其海段航行时易产生砰击和波激振动，同时还要满足屈服强度、极限强度、疲劳强度要求，这使得江海直达船的设计存在诸多挑战。目前缺乏合适的江海直达船舶设计理论及方法、结构强度安全可靠分析方法，以及设计指南、技术规范等，因此制约着江海直达船的推广及应用。

  "江海直达船舶技术丛书"以国家重要科研项目成果为基础，围绕江海直达船型论证、高效低阻船型、高效推进系统与附体节能、适航性、振动与噪声、极限强度、砰击强度、疲劳强度等结构安全可靠性、节能环保技术等关键科学问题与技术问题，努力打造江海直达船舶技术领域的开拓之作，推动我国江海直达船舶技术研究与产业化发展。

  希望本套丛书的出版能够填补江海直达船舶技术领域的空白，为江海直达船舶技术的发展、创新和突破带来一些启迪和帮助。同时，欢迎广大读者提出好的建议，促进和完善丛书的出版工作。

前　言

江海直达船型连接内河、沿海和远洋航运，江海联运对提高水路运输效率具有重要作用。同时，国际海事组织(International Maritime Organization，IMO)和世界各大船级社均对船舶环保性能提出了更高的标准和要求。因此，研制我国运营经济性好、节能环保、高效的江海直达船型具有鲜明的时代特征和重要的现实意义。

基于生命周期评价(life cycle assessment，LCA)理论，本书提出一种面向绿色技术的船舶环境评估方法，并结合现有的船舶绿色度评价理论，提出基于模糊层次分析法的船舶绿色度计算方法。同时以江海直达集装箱船作为实例，分析水动力性能优化、双燃料动力系统、结构轻量化设计等绿色技术对船型方案环境性能的影响。与此同时，借助对经济航速的分析，量化国际航运业碳排放交易机制(maritime emissions trading system，METS)的市场作用，利用边际减排成本(marginal abatement cost，MAC)计算模型与边际减排成本曲线，在设计初期对各绿色技术经济效应预估提供新的思路与方法。以此为基础，借助 SQL Server 2008 构建船舶环境影响清单数据库，采用 Visual C# 2010 开发船舶生命周期环境影响与能效评估系统，该系统可以在船型方案设计阶段快速评估船舶环境性能，找出环境改善的关键点，对实现船舶绿色设计有一定的指导意义。同时，本书结合江海直达船型进行实践应用。面向经济性和环境性的江海直达船优化是一个典型的多目标优化问题，本书应用智能算法对江海直达船船队进行综合优化，证明在低碳背景下构建的船队综合优化模型具有现实意义。

2010 年至今，工业和信息化部高技术船舶科研项目持续支持了江海直达船型的研发，从换代船型到节能环保示范船型，先进的设计理念始终贯穿于研发过程中。随着实船船型的升级，本书提出的新论证方法在方案设计、实船技术设计与运营中得到实施，同时从一个重要的侧面对方法和实施平台进行了验证。本书正是近年来工作的总结与提炼。

全书共五章。第 1 章通过对国内外江海直达船型特征分析，归纳分析当前船级社实施的各能效指标及船型的环境性指标体系。第 2 章建立针对船舶特征方案的全生命周期环境评价体系，通过优化 LCA 方法，提出面向绿色技术的船舶环境评估方法。第 3 章介绍国际航运业目前主要试行的七种碳排放交易机制，结合

METS 的机制原理，构建针对江海直达集装箱船的低碳经济收益模型。第 4 章构建船舶 LCA 能效模型和船舶环境影响清单数据库，并开发船舶生命周期环境影响与能效评估系统。第 5 章应用非支配排序遗传算法 II (non-dominated sorted genetic algorithm-II，NSGA-II)，结合多目标综合优化模型，对武汉至洋山航线江海直达船队进行多目标优化。

在相关项目研制和本书撰写过程中，付磊、杨静语、刘星、刘中凯、钱军、刘超、梅梦磊等做了大量工作，在此一并表示感谢。

限于作者水平，书中难免存在不妥之处，恳请读者批评指正。

作 者

目　　录

"江海直达船舶技术丛书"序

前言

第1章　绿色江海直达船型 ··· 1

1.1　特定航线江海直达船型特征 ··· 1

1.1.1　我国长江水系江海直达船型 ···································· 2

1.1.2　珠江水系典型江海直达船型 ···································· 5

1.1.3　俄罗斯典型江海直达船型 ······································· 6

1.1.4　德国典型江海直达船型 ·· 7

1.2　江海直达宽扁船型方案综合评价体系建立 ··························· 8

1.2.1　方案可行性评价 ··· 8

1.2.2　方案综合性能评价指标体系的建立 ························ 10

1.3　船型评价的环境性论证指标体系 ······································· 12

1.3.1　船舶绿色度评价指标体系构建 ······························· 12

1.3.2　船舶的环境协调性 ··· 13

1.4　当前航运业能效评估体系 ··· 14

1.4.1　船舶能效设计指数 ··· 14

1.4.2　船舶能效营运指数 ··· 15

1.4.3　船舶能效管理计划 ··· 16

1.4.4　其他指数 ·· 17

1.5　江海直达船型上的绿色技术应用 ······································· 17

1.5.1　特定航线上的港航条件 ··· 17

1.5.2　江海直达船主尺度及型线特征 ······························· 20

1.5.3　江海直达船的绿色目标 ··· 22

1.5.4　绿色技术适用性分析 ·· 24

1.6　本章小结 ··· 30

第2章　面向绿色技术的船舶环境影响评估 ································· 31

2.1　船舶大气污染物排放计算模型构造 ···································· 32

2.1.1　船舶大气污染物排放计算方法 ······························· 32

2.1.2　基于船舶活动情况的大气污染物排放计算模型 ········· 33

2.2 基于生命周期评价的船舶环境影响评估 ·················· 34

  2.2.1 LCA-SHIP 算法优化及实施框架 ·················· 34

  2.2.2 目的和范围的确定 ·················· 35

  2.2.3 评价的量化——清单分析 ·················· 36

  2.2.4 系统框架的功能 ·················· 36

  2.2.5 环境影响评估 ·················· 38

  2.2.6 江海直达船型生命周期评价实例 ·················· 40

2.3 绿色船舶的环境影响分析 ·················· 43

  2.3.1 船舶绿色技术总结 ·················· 43

  2.3.2 面向绿色技术的船舶环境影响评估方法 ·················· 45

  2.3.3 典型绿色技术减排效果敏感性分析 ·················· 48

  2.3.4 技术组合实例分析 ·················· 51

2.4 江海直达集装箱船绿色度计算与实例分析 ·················· 52

  2.4.1 船舶绿色度计算方法 ·················· 52

  2.4.2 江海直达集装箱船绿色技术实例分析 ·················· 55

2.5 本章小结 ·················· 58

第 3 章 碳排放交易与江海直达船型低碳经济分析 ·················· 59

3.1 国际航运业碳排放交易机制 ·················· 59

  3.1.1 国内外航运业碳排放现状 ·················· 59

  3.1.2 航运业主要碳排放交易机制 ·················· 60

  3.1.3 GHG FUND 与 METS 比较分析 ·················· 62

3.2 国际航运业碳排放交易机制对主要船型的影响 ·················· 67

  3.2.1 碳排放基线设定 ·················· 67

  3.2.2 边际减排成本计算模型 ·················· 69

  3.2.3 航商碳排放交易机制减排措施决策模型 ·················· 70

3.3 传统船舶经济分析 ·················· 73

  3.3.1 经济成本构成 ·················· 73

  3.3.2 燃料消耗量计算模型 ·················· 74

3.4 船舶低碳经济收益模型 ·················· 75

  3.4.1 国际航运业碳排放交易机制的原理简化 ·················· 75

  3.4.2 基于碳排放交易的船舶低碳经济收益模型 ·················· 77

  3.4.3 传统经济收益模型与低碳经济收益模型对比分析 ·················· 77

3.5 国际航运业碳排放交易机制对江海直达集装箱船的影响分析 ·················· 80

  3.5.1 江海直达船型特征及相关参数计算 ·················· 80

  3.5.2 国际航运业碳排放交易机制对不同货运级别船型方案的影响比较 ·················· 84

　　　3.5.3　江海直达集装箱船绿色技术边际减排成本计算 ················ 88

　3.6　本章小结 ··· 90

第4章　船舶简化生命周期评价计算平台及其在江海直达船型论证中

　　　的应用 ··· 91

　4.1　船舶简化生命周期评价的思路方法的提出 ······················ 91

　　　4.1.1　完整生命周期评价流程与船舶生命周期评价的简化途径 ····· 91

　　　4.1.2　简化船舶产品生命周期阶段的角度 ···························· 92

　　　4.1.3　简化船舶影响类型的角度 ····································· 92

　　　4.1.4　简化船舶生命周期评价数据的角度 ···························· 93

　　　4.1.5　简化船舶生命周期评价过程的角度 ···························· 93

　4.2　船型方案生命周期评价实施步骤 ································· 93

　　　4.2.1　评价目的和范围的确定 ······································ 93

　　　4.2.2　清单分析详情 ·· 95

　　　4.2.3　标准船型不确定分析 ·· 102

　4.3　生命周期评价平台的构建 ······································ 104

　　　4.3.1　平台结构组成 ··· 104

　　　4.3.2　基于生命周期评价的船舶能效模型 ························· 105

　　　4.3.3　系统的计算流程与功能模块 ································· 108

　4.4　绿色江海直达船型方案环境负荷分析与方案比选的系统应用 ···111

　　　4.4.1　系统界面展示 ··· 111

　　　4.4.2　能效计算与结果解释 ·· 114

　　　4.4.3　船型方案环境负荷分析与方案比选的应用 ···················· 118

　4.5　本章小结 ··· 121

第5章　低碳背景下江海直达船队综合优化 ····························· 122

　5.1　船舶排放控制区及其对策 ······································ 122

　　　5.1.1　船舶排放控制区 ·· 122

　　　5.1.2　我国内河排放控制区政策 ···································· 122

　　　5.1.3　排放控制区影响及其应对措施 ································ 123

　　　5.1.4　基于实例的排放控制区对策分析 ······························ 123

　5.2　江海直达班轮设计航速模型 ···································· 128

　　　5.2.1　班轮设计航速影响因素分析 ································· 128

　　　5.2.2　基于惩罚成本的航速模型构建 ································ 129

　5.3　基于排放控制区及航运业碳排放交易机制的船队多目标优化 ····· 135

　　　5.3.1　两类船队规划模型 ·· 135

　　　5.3.2　低碳背景下江海直达船队综合优化模型 ····················· 136

5.3.3 基于排放控制区的燃料成本及排放量计算 ……………………… 138

5.3.4 基于航运业碳排放交易机制的船舶碳成本模型 ……………… 140

5.3.5 基于排放控制区及航运业碳排放交易机制的船队多目标优化模型 …… 143

5.4 船队综合优化模型求解 ……………………………………… 144

5.4.1 模型预处理 …………………………………………… 144

5.4.2 效果检验 ……………………………………………… 146

5.4.3 基于 NSGA-Ⅱ 的船队多目标优化问题求解 …………………… 147

5.5 实例计算及结果分析 ………………………………………… 153

5.5.1 规划期 ………………………………………………… 153

5.5.2 船型方案 ……………………………………………… 153

5.5.3 计算结果及分析 ……………………………………… 154

5.6 本章小结 …………………………………………………… 160

参考文献 ………………………………………………………… 161

第1章　绿色江海直达船型

1.1　特定航线江海直达船型特征

江海直达船在连接内河、沿海和远洋的航运系统中起着重要的作用，具有非常广阔的发展和应用前景。相较于公路、铁路运输，大宗物品选择内河船舶运输是成本最低、最划算的方案，同时我国拥有着漫长的海岸线，沿线分布着许多非常繁忙的港口，如大连港、天津港、青岛港、上海港、广州港和香港港等。

就中国的内河航运而言，长江是世界第三长河流，是一条水运要道，沿途有许多港口，如重庆港、武汉新港和南京港等。中国南部最长的河流是珠江，它流经广州一直到香港、澳门，然后注入大海。中国沿海地区，以及长江、珠江等流域的工业、农业、商业与通信业欣欣向荣，促进了这些地区的经济发展。由于各类商品流通的规模扩大，许多货物需要由内河和海上协作完成运输。近年来，中国国际贸易迅速增长，许多内河港口已经成为或即将成为国际港口。中国的江海联运已经成为发展国民经济的重要问题。对于江海联运问题，一般有三种解决方法。

①　遵循传统方法，分别使用海洋船舶和内河船舶，货物在连接内河的港口中途转运。由于海河航运条件不同，海洋船舶性能、结构和导航设备的要求比内河船舶高得多。同时，内河船舶尺度受到航道的限制，需要较高的操纵性能。传统方法的优点是，海洋船舶和内河船舶可以按其本身的航行条件各自设计。

②　使用载驳子母船运输。在海上航行时，将载货子驳积载在母船上，到河口时将子驳卸至内河，然后由推船或拖船牵引子驳，将货物运至内河港或货主指定的卸货地点。

③　采用江海直达船。这种船舶必须同时符合江海航段航行要求，所以它必定是兼顾不同航行条件的折中设计。江海直达船的经济性比单纯按沿海或内河要求设计的船舶的经济性要差，这是因为受内河航道水深的影响，江海直达船的吃水较小，使船舶载重量受到限制。另外，当江海直达船在内河中航行时，海上航行要求较高的性能和强度就用不上。这些不利因素可以通过节约转运费用、缩短运输时间，以及改进浅吃水船的设计，使载货量达到最大来对其进行补偿[1]。

通过以上三种解决方式的比较可以发现，对于国内的江海联运，由于海段航程较短，江海直达船具有独特的优越性。我国江海直达运输起步较晚，长江及其他内河航道水深较浅，并且航道中桥梁净空不高、河道转弯半径不大限制了江海直达船运输的发展。因此，在此类船型发展的初期，多采用小型海船。例如，在长江下游港口开辟到香港等地区的航线；在珠江口区及西江航运干线开辟到香港、澳门和沿海的运输航线。

1.1.1 我国长江水系江海直达船型

长江是我国最大的内河水系。长江干线指云南水富至长江入海口，距离为2838km，其中武汉至苏州太仓为1020.1km，武汉至重庆航段目前航道维护水深3.2m，浅水航段主要在宜昌和武汉之间，武汉至上海航段枯水期维护水深为4.5m。因此，长江下游的江海直达船型集中在自武汉以下的航段。3000t级运输船可终年抵达武汉，5000t级船舶通常半年以上可满载航行至武汉，南京以下的航段，10000t级江海直达船可全年通航。

国内长江流域的江海直达船发展较早，其发展经历了以下四个阶段。

第一阶段：1980年以前，常规海船直接进入长江。例如，载重量为10000t的远洋船舶可以直达南京。在夏季，载重量为5000t、吃水6.5m的远洋船舶可以直达武汉。

第二阶段：1980～1985年，中国开发沿海浅吃水船舶。例如，对于上海而言，在长江口有浅滩，港口和沿海之间有一段水深较浅的通道，因此开发了一种沿海浅吃水散货船。例如，上海建造了吃水9.5m、载重量为35000t的运煤散货船，其宽度吃水比B/T达到3.37；浙江省南通建造了吃水为6.8m、载重量为11000t的散货船，其宽度吃水比达到3.09。

第三阶段：1985～2006年，许多江海直达船已经建成并投入运营，如散货船、货船、成品油轮、集装箱船和多用途船。在此期间，5000t级江海直达运粮船、4000t级化学品船与4000t级268TEU(twenty feet equivalent unit，一种标准集装箱的容纳单位)集装箱船等一批项目取得了丰硕成果。1996～2000年，宁波北仑港至武汉港的矿石直达运输也取得重大突破，2000m³液化石油气(liquefied petroleum gas，LPG)江海直达船于1998年底投入运营并取得实效。进入21世纪，中国长江航运集团对3000t内河货驳和1942kW功率内河推轮进行改造，组成江海直达顶推船队。在这一阶段，内江海直达运输取得令人瞩目的发展，载货量由当初500t、800t的简易型货船发展到5000t、8000t，甚至10000t及以上的符合江海航道特点、适应货种运输需要的江海直达运输船舶。

第四阶段：武汉的江海直达航线于2006年5月16日正式开通，后因运营亏损，先后三次停航，2009年2月28日恢复运营。在2012年6月，8000t级大型江海直达集装箱船"盛达和谐"号在武汉新港阳逻核心港区顺利首航。该船长110m、宽19m、满载吃水6.25m，可以有效降低外贸集装箱箱均运输成本，凸显江海直达运输的优越性。

从上述各阶段的发展来看，江海直达船型的发展趋势是向大型化发展，同时受油价等外部因素的影响，船东更渴望能量消耗低、质量好的高性价比船型。

目前主要的江海直达船型如表 1.1 所示。

表 1.1 主要的江海直达船型

船型	船长 L/m	型宽 B/m	型深 D/m	吃水 d/m	载货量/t	装箱量/TEU
1000t 级闽海号	75.0	13.00	5.20	2.5	1000/1352	—
2300t 级	83.1	12.8	5.9	4.5	2127/2207	—
3000t 级	96.35	15.8	6.8	4.0	3000	120
5000t 级	109.0	19.0	7.70	5.00	4748/5862	60(甲板)
7000t 级	129.5	20.4	10.5	6.4	7000/8000	370
12000t 级	153.0	23.0	11.0	6.5	12790/15860	—
长江之源	118	21	—	4.0		675
盛达和谐	111	18.6	8.0	4.5	8113/10397	582
盛达和旭	103	18	8.2	4.3	—	426
凯旋 88	114	21	19.2	4.5	—	610
4000t 级化学品船	108	17	8	5.1	4424/5953	—
2000LPG	83.1	13.6	6.0	4.0	1000	—
256TEU	99.8	16.4	7.7	4.5	3584/3999	256
国裕 17	128	22.6	8.6	6.3	12400	

目前航行至武汉的江海直达船最大载重量(deadweight tonnage，DWT)为12400t。总结表 1.1 中的船型参数，主要尺度比 L/B 为 5.42~6.75、B/D 为 2.04~2.47、D/d 为 1.31~1.71，设计船在主尺度选择时可作为参考。对于江海直达船的设计，之前一直以满足海船规范和内河规范中要求高者作为标准。现阶段，我国正在编写江海直达船设计建造规范，对一些相关的尺度要求进行适当的调整，以便更符合江海直达船的特点。例如，海船规范中要求 $B/D \leqslant 2.5$，新的江海直达船设计建造规范要求 $B/D \leqslant 3.0$，增大船宽型深比可使船更宽扁，有利于装载更多的货物。

考虑江海直达船航行于江海两种航区的特殊性，所以其既要适应江段航行，要又适应海段航行。多数江海直达船受到内河航道的限制，以及经济性的要求，其弗劳德数普遍较低,且方形系数较大,船舶主要尺度比相对于船型变化不大,属于宽扁船型。江段航道要求船舶操纵灵活,回转性良好;海段航道要求船舶适航性高,结构更强,横摇周期长,具有良好的航向稳定性和足够的稳性。因此,江海直达船不但要改善江段航行的操纵性和小舵角的应舵性,而且要改善海段航行的耐波性、适航性、抗风稳性、航向稳定性。

水深是对船舶尺度的最大限制因素。随着长江航道维护水深的提升,航行的江海直达船的尺度有了很大变化,已经可以实现 10000t 级江海直达船到达武汉。航行于长江的 12400t 级的江海直达船总布置图如图 1.1 所示。

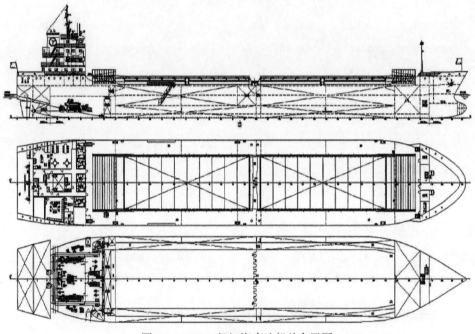

图 1.1　12400t 级江海直达船总布置图

此船较突出的特点是型宽和型深比达 2.63,这在此前是十分少见的,属于典型的宽扁船型。同时,这也代表了长江上江海直达船大型化的发展趋势。此船具有双艉鳍、双机、双桨,有利于浅水航行和内河航行时的操纵。全船仅两个货舱,42m 长的超大货舱为货物的装卸带来很大的便利。

通过归纳可发现此类长江水系江海直达船具有以下特点。

① 艉机型、单(双)层甲板、有艏楼和艉楼。江海船吃水小且型深较小,通常结构形式为钢质,采用单层纵通甲板,吨位较大的设双层甲板;艉机型有利于货舱布置,缩短轴系长度;设置艏楼有助于防止甲板上浪;设置艉楼可以方便舵机舱布置,有利于保证良好的倾角稳性。

② 双机、双桨、双舵。由于江海直达船需频繁进出港口和靠离码头，且常在狭窄水道和拥挤港口航行和操作，因此，设置双机、双桨、双舵可以保证其在江段航行的操纵性，以及在海段航行的适航性。

③ 球艏、双艉鳍。在压载情况下，球艏可以改善进流形状，降低破波阻力，并且有利于调整浮态和减缓纵摇；双艉鳍能起到整流作用，使伴流均匀，以提高推进效率。

④ 货舱置于机舱前，一般设多个货舱并设有双层底。江海直达船设有 1~3 个货舱，以散货为主的江海直达船货舱还设有顶边舱和底边舱，双层底内及双舷侧结构内(若有)设置为燃料舱和压载水舱。

⑤ 大开口。为了便于装卸大件货物和提高装卸效率，江海船在规范容许范围内应尽量加大货舱开口。

⑥ 低航速。因要航行于内河航道，江海直达船一般是低速运输船型，其弗劳德数在 0.175~0.215，航速一般为 11kn(1kn=1.852km/h)左右。

⑦ 特殊设备设置。对于大型江海直达船，由于航道桥梁净空高度限制，多采用倒桅。此外，对操纵性要求较高的船舶还设置艏侧推。

⑧ 长宽比减小。江海直达船跨江海航道航行，而船长对船舶在内河航道回转性和海段航向稳定性的好坏起着决定性的作用。内河航道回转性和海段航向稳定性这两种要求是矛盾的，因此选择船长时必须协调好这两者的矛盾。同时，船长还受内河航道最小回转半径、港口和码头泊位尺度的限制。相对于海船，江海直达船选取主尺度时通常采用缩短船长、增大船宽的方法来满足排水量的要求。这种选取亦有利于减轻船体钢材重量、降低造价，但是吃水小、船宽大的特点不利于海上的适航性，并且宽扁的船体对保证结构的强度和刚度也不利。

⑨ 吃水小、载货量大。江海直达船由于受到江段航道的限制，其吃水比同吨级的海船要浅，而船长、船宽均大于海船，即平面尺度大。例如，与 3000t 级海船相同吃水的江海直达船载重量可达 5000t 级。

⑩ 主尺度比特殊。适宜的主尺度比是改善船舶性能的重要基础。多数江海直达船仍具有内河船的宽扁特点[2]。

1.1.2 珠江水系典型江海直达船型

广东航运业发达，水路货运占全省货运总量的 60%左右，居全国之冠。广东有大小河流 2000 余条，总长 3.6 万 km，90%以上的县市可以通航船舶，全年港口吞吐量达 5000 万 t。珠江支流滩多水浅，主干线西江维护水深仅 2.5m，对船舶尺度有较大限制，使载货量仅为 3000~5000t，船长约为 60~80m。珠江水系典型 995t 级江海直达船横剖面图如图 1.2 所示。其主要参数如表 1.2 所示。

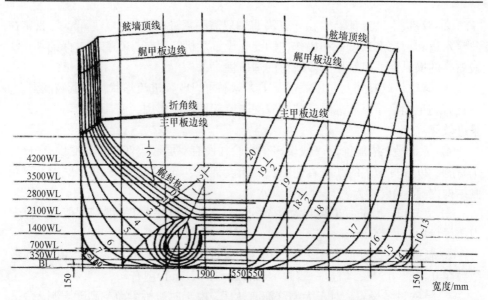

图 1.2　珠江水系典型 995t 级江海直达船横剖面图

表 1.2　珠江水系典型 995t 级江海直达船主要参数

序号	参数	单位	995t 级江海直达船
1	货舱容积	m³	1700
2	载重量	t	995
3	总长	m	66
4	垂线间长	m	60
5	型宽	m	11.6
6	型深	m	5.3
7	设计吃水	m	3.5
8	方形系数	—	0.714
9	航速	kn	9.8
10	主机功率	kW	2×225
11	长宽比 L/B	—	5.70

1.1.3　俄罗斯典型江海直达船型

　　第二次世界大战后，远洋-沿海-内河直达运输是欧洲各国航运业一直追求的目标。这样的运输方式可避免货物在中途港口转运，减轻河口港的输运压力，加快货物周转，减少货损，降低运输成本(20%～30%)。

俄罗斯将江海直达船分为河-海型(属俄罗斯国家内河船舶登记局管理)和海-河型(属俄罗斯国家海洋船舶登记局管理)。单船吨位在 1000～5000t 不等。江海直达船的航线一直延伸到中欧、东欧、西欧和北欧，可见俄罗斯江海直达船发展规模之大。俄罗斯江海直达船采用双主机、双桨加艏侧推装置的船型，未广泛使用水动力性能优化技术。全年运营率在 80%左右。鉴于河流有结冰，冬季时江海直达船由河出海，可以提高船舶经济性。俄罗斯典型江海直达船型如表 1.3 所示。

表1.3　俄罗斯典型江海直达船型表

序号	船长 L/m	船宽 B/m	吃水 T/m	载重量 DWT/t	货仓容积 C/m³	主机功率 M/kW	航速 V/kn
1	134.00	16.40	4.30	5500	6843	2×971.5	11.2
2	138.80	16.70	3.53	5150	6270	2×662.4	11.0
3	129.50	15.80	3.55	4112	5431	2×662.4	9.5
4	127.65	15.62	3.00	3163	4881	2×662.4	9.5
5	115.80	13.44	4.00	3145	4064	2×515.2	10.0
6	119.20	13.40	3.85	3111	4751	2×640	10.5
7	114.06	13.26	3.75	3031	4309	2×485.8	10.8
8	95.00	13.22	3.95	2554	3475	2×640	11.3
9	82.43	11.40	4.00	2075	3047	2×441.6	11.0
10	81.00	11.97	4.00	1855	2623	2×640	12.0
11	82.01	11.94	3.10	1675	1940	2×441.6	11.0

1.1.4　德国典型江海直达船型

德国江海直达船航线直达中欧和北欧，同时延伸到非洲。由于莱茵河水道及船闸的限制，船舶主尺度限制条件为 $L×B×T$=130m×11.4m×3.4m，船舶吨位在 3200t 以下。德国江海直达船采用单机单桨船型，为改善操纵性，采用襟翼舵和艏侧推装置；为提高快速性，多采用均流导管等节能水动力装置；动力装置多用可调桨轴带发电机；主机机型主要是 MaK 中速柴油机；多数采用计算机主机监控系统；绝大多数船舶使用年限在 10 年以内；全年有效航行天数在 355 天左右，主机运转可靠，船舶使用效率极高。德国典型江海直达船型如表 1.4 所示。

表 1.4　德国典型江海直达船型表

序号	船长 L/m	船宽 B/m	型深 D/m	吃水 T/m	载重量 DWT/t	货仓容积 C/m³	装箱量 TEU	主机功率 M/kW	航速 V/kn
1	85.30	11.30	6.95	4.88	3030	4049	90	1×875	11.00
2	95.40	11.34	7.15	4.20	2920	4284	104	1×1103	10.00
3	79.10	12.60	6.65	4.71	2735	4174	138	1×1100	11.50
4	90.25	14.10	6.73	4.06	2680	3708	180	1×600	12.00
5	76.20	13.00	7.10	4.66	2565	4180	120	1×1105	10.00
6	88.62	11.40	6.00	4.05	2554	3255	96	1×1066	11.50
7	91.00	15.90	5.80	3.76	2507	5097	204	1×1100	12.00
8	72.80	12.92	5.70	4.46	2406	4016	133	1×600	10.00
9	84.90	13.50	—	4.06	2352	5170	—	1×735	10.40
10	75.45	11.34	5.50	4.26	2318	3066	—	1×441	10.50
11	75.20	12.60	5.30	4.16	2235	3183	142	1×1100	10.50
12	76.80	11.30	5.40	3.48	1723	2915	80	1×441	10.60
13	73.70	12.80	5.70	3.46	1600	2786	88	1×735	10.70
14	80.60	9.46	5.20	3.26	1450	2214	—	1×441	11.40
15	77.20	10.00	5.40	3.13	1445	2187	72	1×441	10.50

1.2　江海直达宽扁船型方案综合评价体系建立

1.2.1　方案可行性评价

在方案优选之前，首先要对方案进行技术可行性评价。技术可行性评价指标主要包括设计任务书和规范要求的重要性能指标,例如船舶重量与浮力必须平衡,且保证储备浮力的要求；船舶稳性和横摇周期必须满足规范要求；船舶干舷必须满足规范要求；设计箱数必须达到设计要求。这些指标的特点是，如果方案不满足指标，则不成立，即"是/否"逻辑，可以"IF-THEN"结构进行表达，并利用基于规则的推理 (rule-based reasoning, RBR)在相应的论证程序中进行方案可行性推理[3,4]。技术可行性评价指标如表 1.5 所示。

表 1.5　技术可行性评价指标

规则	评价标准	前提	结论
Rule01	重量校核	浮力大于船舶总重 1%以上	
Rule02	稳性校核	初稳性高 GM>0.6，稳性衡准数 K>1	
Rule03	横摇周期校核	横摇固有周期大于 8s 以上	方案技术可行
Rule04	干舷	满足规范干舷要求	
Rule05	装箱量	满足设计要求	

上述约束条件以规则的形式存在于规则库中，利用程序进行基于规则的推理。不满足上述规则的方案可判断为不可行方案。RBR 方案可行性评价如图 1.3 所示。

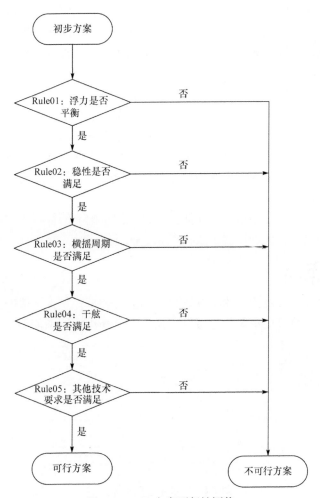

图 1.3　RBR 方案可行性评价

1.2.2　方案综合性能评价指标体系的建立

方案设计阶段必须对方案的综合性能进行全面地评价，才能确保系统生成的方案是各项指标优良的方案。例如，为了充分发挥长江航道的优势，同时尽可能地提高载货量并提升船舶综合性能，长江江海直达宽扁船型采用宽扁形式，分析该船型的特点可以得到以下结论。

从技术角度分析，宽扁船型采用较大的船宽、较小的吃水和较大的方形系数，阻力性能与瘦长船型相比并不占优，因此必须对其快速性进行评价，才能确保得出快速性满足要求的船型。宽扁船型针对海船结构偏重的问题进行结构轻量化设计，船体结构相对于海船有较大程度的优化，应建立相关指标对其结构优化情况进行评价。在沿海航区航行时，船舶要具有较好的耐波性，而在内河航区航行时，船舶要具有良好的回转性和操纵性，江海直达宽扁船型航行的区域包括这两种航区，因此必须同时兼顾两个方面的要求。另外，对于江海直达集装箱船来说，还必须考虑集装箱布置情况，一般用集装箱堆箱效率评价集装箱布置情况。

从经济角度分析，由于宽扁船型采用较大的船宽和较为丰满的船体，载货量得到显著的提升，单位排水量的经济效益也有一定的提升，因此必须建立完善的经济性评价模型，为长江干线至沿海港口的江海直达运输提供最经济的船型。

从环保角度分析，由于航运业节能减排的要求越来越严苛，新船设计必须提高能效、减少碳排放才能在市场中生存。江海直达船型有常规推进和液化天然气(liquefied natural gas，LNG)推进两种方式。其能效和排放情况有显著的差别，因此必须建立环保性指标进行评价。

根据上述分析，在船舶各项性能仿真计算的基础上，针对于江海直达宽扁船型的特点，建立综合评价模型，从技术先进性、经济性、环保性三个角度对船型进行评估[5,6]。

(1) 技术先进性

技术先进性评价是传统船型方案评价的关键环节，是保证船舶正常运行工作的前提。针对江海直达集装箱船特点，技术先进性指标体系如图 1.4 所示。

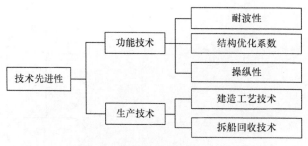

图 1.4　技术先进性指标体系

(2) 经济性

经济效益是船舶实际设计时要考虑的重要因素，在满足一定技术性能的条件下，设计者更愿意选择经济性能好的船型方案。绿色船舶不仅要考量传统经济性指标，还要考虑生命周期内各类活动对环境造成污染而产生的治理费用。结合未来航运业碳排放交易机制(maritime emissions trading system，METS)，以低碳经济模型下的各经济参数指标作为衡量船型方案的经济合理性指标，并以单位 CO_2 减排成本(cost of averting a tonne of CO_2 eq heating，CATCH)值作为针对评价船舶绿色技术实施时的船舶污染减排指标，衡量船型方案采用不同绿色技术的边际减排成本(marginal abatement cost，MAC)。经济性指标体系如图 1.5 所示。

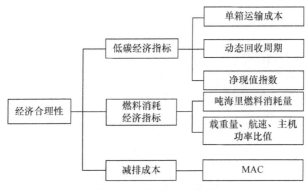

图 1.5　经济性指标体系

(3) 环保性

环境属性可参考目前对于船舶环境评价较为完善的船舶能效设计指数(energy efficiency design index，EEDI)，以及船舶能效营运指数(energy efficiency operational indicator，EEOI)。

江海直达宽扁船型综合性能评价指标体系如图 1.6 所示。

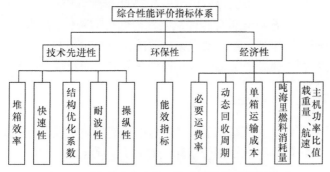

图 1.6　江海直达宽扁船型综合性能评价指标体系

1.3　船型评价的环境性论证指标体系

目前国际海事组织(International Maritime Organization，IMO)和各大船级社均对船舶环保性能提出了较高的要求，特别是强制实施 EEDI[7-10]等一系列措施以来对船舶节能环保方面的要求更为严格。因此，设计开发运营经济性良好且节能环保，同时还能满足各项国际、国内公约规范要求的经济环保船型是十分必要的。从 EEDI 出发对船舶设计过程进行研究，正是新船型赢得市场认可、获得造船订单的关键。

我国作为海洋贸易大国，90%以上的进出口货物需要依靠航运完成。目前，我国每年排放的 CO_2 已超过 60 亿 t。作为一个负责任的大国，我国 2009 年就制定了碳排放减少的目标[11]，进一步对我国内河船舶设计提出了更高的环保要求。交通运输部积极响应国家的号召，于 2016 年 2 月 1 日宣布将在珠三角、长三角、环渤海水域设立船舶排放控制区，控制船舶主要污染气体的排放。2016 年 4 月 1 日起，作为内河运输枢纽，长三角区域率先实施碳减排措施。如何合理应对航运业碳排放交易机制成为我国船舶设计与制造面临的新的挑战。

随着外贸运输需求量的增长，内河航运业得到快速发展，集装箱物流体系也得以逐步完善。长江流域形成了以上海、武汉、重庆为中心的长江经济带，适箱货物比例越来越大，进一步促进了我国集装箱市场的发展。洋山港的建立使长江运输范围由河口向海域延伸。长江集装箱运输已由单纯的内河运输发展为外贸出口航线为主，内河近海航线并举的格局。运输方式由传统拖带船队逐步发展为自航船为主的江海联运方式，这不仅给长江集装箱运输带来发展契机，也使内河运输有了结构性的调整。其调整影响如下。

① 运输航线变化。洋山港依靠自身良好的地理优势及硬件设施，通过有效降低运输成本，吸引了长江中上游港口出口货物的运输。

② 船型影响。江海联运的船型需满足江海航行的条件，极大地促进了我国江海直达船的发展。近年来，新一批低碳高效的江海直达集装箱船逐步推向市场，并形成标准化船型，提高了运输效率，得到良好的市场反馈与效益。

1.3.1　船舶绿色度评价指标体系构建

在船舶绿色度评价理论基础上，通过对绿色船舶内涵及其生命周期各阶段特点的分析，可确定船体绿色度评价指标，如表 1.6 所示。

表 1.6 船舶绿色度评价指标

准则层	子准则层	指标层
环境协调性	环境属性	大气污染
		水体污染
		固体废弃物污染
		噪声污染
	能源属性	高效能源利用
		清洁能源使用率
		单位货物运输能量消耗
	资源属性	材料利用率
		材料回收率
		环保设备使用率
经济合理性	生产成本	原材料生产成本
		材料运输成本
		船舶制造成本
	运营效益	船体运营经济
		船体维护费用
	回收成本	船舶排放成本
		船舶回收费用
技术先进性	功能技术	船舶航行性能
		船舶技术性能
	生产性能	生产工艺技术
		回收工艺技术

由于无法在设计阶段对部分属性指标进行考虑，因此，在对船舶绿色度评价时可以进行简化。

1.3.2 船舶的环境协调性

环境协调性是船舶绿色度评价体系中关键的一环。其指标是最重要的属性指标，通常用大气排放、固体废弃物排放、水排放和噪声排放来表征。这些指标从排放量上可以反映对环境的影响，采用生命周期环境影响潜值 I，以及环境影响评估参数 C_E 作为评估指标，能更好地反映船型方案环境影响潜值。同时，也可参考对于船舶环境评价较为成熟和完善的 EEDI 与 EEOI 评价指标。资源属性主要环保材料、环保设备和环保燃料的使用率。能源属性可从全生命周期的角度计算能源消耗 E，以及单位货物运输能量消耗 e。环境协调性指标如图 1.7 所示。

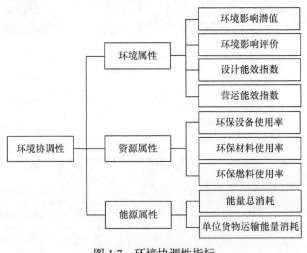

图 1.7　环境协调性指标

1.4　当前航运业能效评估体系

1.4.1　船舶能效设计指数

EEDI 由 2008 年船舶温室气体减排工作组第一次会议上提出的船舶 CO_2 设计指数演变而来。最初，CO_2 设计指数仅考虑船舶主、辅机系统在运营过程中 CO_2 的排放。随后，经过 IMO 海上环境保护委员会(Marine Environment Protection Committee，MEPC)第 58 届会议和船舶温室气体减排工作组第 2 次会议的不断完善，通过了《新船能效设计指数(EEDI)计算方法临时指南》。最终，IMO 于 2011 年将 EEDI 加入《国际防止船舶造成污染公约》(以下简称《防污公约》)附则 VI 中，对船舶的能效作了规定。EEDI 的实施旨在为新船建立一个最低能效标准，减少船舶废弃物排放。

《新船能效设计指数(EEDI)计算方法临时指南》对 EEDI 计算公式进行了规定，即

$$\text{EEDI}_{\text{Attained}} = \frac{\left(\prod_{j=1}^{n} f_j\right)\left(\sum_{i=1}^{n\text{ME}} P_{\text{ME}(i)} C_{\text{FME}(i)} \text{SFC}_{\text{ME}(i)}\right) + \left(P_{\text{AE}} C_{\text{FAE}} \text{SFC}_{\text{AE}}\right)}{f_i f_c \text{capacity} V_{\text{ref}} f_w}$$

$$+\cfrac{\left[\left(\prod_{j=1}^{n}f_j\sum_{i=1}^{n\mathrm{PTI}}P_{\mathrm{PTI}(i)}-\sum_{i=1}^{n\mathrm{eff}}f_{\mathrm{eff}(i)}P_{\mathrm{AEeff}(i)}\right)C_{\mathrm{FAE}}\mathrm{SFC}_{\mathrm{AE}}\right]-\left(\sum_{i=1}^{n\mathrm{eff}}f_{\mathrm{eff}(i)}P_{\mathrm{eff}(i)}C_{\mathrm{FME}}\mathrm{SFC}_{\mathrm{ME}}\right)}{f_if_c\mathrm{capacity}V_{\mathrm{ref}}f_w}$$

$$(1\text{-}1)$$

式中，V_{ref} 为船舶航速；capacity 表示载运能力，是在最大吃水和相应的纵倾条件下，船舶的载重量(deadweight tonnage，DWT)，用载重量或净吨(net tonnage，NT)表示；$P_{\mathrm{ME}(i)}$ 为主机 i 的 75%的额定功率；$\mathrm{SFC}_{\mathrm{ME}(i)}$ 为主机 i 的燃料消耗率；P_{AE} 为正常最大海况下保证船舶按照设计状态运营的辅机功率；$\mathrm{SFC}_{\mathrm{AE}}$ 为辅机的燃料消耗率；$\mathrm{SFC}_{\mathrm{ME}}$ 为主机的燃料消耗率；$C_{\mathrm{FME}(i)}$ 为主机 i 的 CO_2 排放因子；C_{FME} 为主机的 CO_2 排放因子；C_{FAE} 为辅机的 CO_2 排放因子；j 为温室气体类型；$P_{\mathrm{eff}(i)}$ 为 75%主机功率下创新型能效技术用于推进的输出功率；$P_{\mathrm{AEeff}(i)}$ 为船舶采用创新型电力能效技术而减少的辅机功率；f_i 为补偿船舶特殊设计因素的修正系数；f_c 为舱容量 capacity 修正系数；f_w 为船舶在波高、浪频和风速的代表性海况下的航速降低的无量纲系数；$f_{\mathrm{eff}(i)}$ 是反映创新型能效技术的适用系数。

通过分析可以发现，式中分子部分代表运营过程中 CO_2 排放量，包括设计航速下满载运营时主、辅机的 CO_2 排放量，创新型能效技术对主、辅机 CO_2 排放量的修正；分母部分代表设计航速下的总运输量。EEDI 值越小代表船舶能效水平越高，在新船设计时应尽量增大分母或减小分子。载重量、航速，以及该航速下的主机功率等是影响 EEDI 的重要因素，采用节能技术可以有效地提高船舶的能效水平。

1.4.2 船舶能效营运指数

EEOI 表示一艘船舶在实际航行中产生的 CO_2 量和总货物运输量之间的比值。这种思想早在《联合国气候变化框架公约》第 23 次缔约国大会通过的 A.693(23) 决议中就有体现。2008 年，IMO 将其正式命名为船舶 EEOI。随后 IMO 通过《船舶能效营运指数(EEOI)自愿使用指南》，并分别针对单航次和多航次对 EEOI 计算公式作出规定。

单航次，即

$$\mathrm{EEOI}_{\mathrm{Singletrip}}=\cfrac{\sum_j(\mathrm{FC}_jC_{Fj})}{m_{\mathrm{cargo}}D} \tag{1-2}$$

多航次，即

$$\mathrm{EEOI}_{\mathrm{Average}}=\cfrac{\sum_i\sum_j(\mathrm{FC}_{ij}C_{Fj})}{\sum_i(m_{\mathrm{cargo}(i)}D_i)} \tag{1-3}$$

式中，j 表示船舶燃料的种类；FC_j 表示船舶在运营时消耗燃料 j 的总量，单位 t；C_{Fj} 表示消耗 1t 燃料 j 所排放的 CO_2 质量，单位 g/t；m_{cargo} 表示载货量，单位视船型而定，一般为 t、TEU、人等；D 表示船舶单航次中的实际航距，单位 n mile(1n mile=1.852km)；i 表示航行次数：D_i 表示船舶在航次 i 中的实际航距，单位 n mile；FC_{ij} 表示船舶在航次 i 中消耗燃料 j 的总量，单位 t。

EEOI 一般根据船舶单航次或多航次的运营数据来计算，指船舶在实际运输过程中将 1t 货物运输 1n mile 所产生的 CO_2 排放量，EEOI 值越大，代表船舶能效水平越低。由 EEOI 计算公式中各参数的含义可知，EEOI 主要与燃料消耗、载货量和航距有关，使用清洁燃料或者采用节能技术减少船舶燃料消耗可以降低 EEOI 值。此外，适当降速航行、优化船舶航线、减少船舶空载等措施也能有效降低船舶 EEOI 值。

1.4.3　船舶能效管理计划

船舶能效管理计划(ship energy efficiency management plan，SEEMP)基于 PDCA 循环概念，是管理学中常见的模型。PDCA 循环按照计划、执行、检查和处理的工作程序进行项目管理，P、D、C 和 A 分别为 plan、do、check 和 action 的大写首字母。

2011 年 7 月，IMO 在将 SEEMP 纳入《防污公约》73/78 公约附则 VI 能效修正案，并于 2013 年 1 月 1 日起强制实施。SEEMP 主要通过采用合适的运营管理手段来提高船舶的能效，参照 PDCA 循环，SEEMP 的实施主要包括以下几个步骤。

(1) 计划

制定完整而又合理的计划是实施 SEEMP 的第一步。首先，应当明确船舶当前的能效水平和期望达到的能效目标，然后从特定船舶和特定航商两个层次制定合理、有效的计划。对于特定船舶而言，提高船舶能效水平的措施有很多，应当根据船舶当前状态，确定合理、有效的改进方案；对于特定航商而言，应当制定整个公司的船队能效管理计划，协调相关利益方之间的配合。此外，还要设定一个易于理解和可度量的目标。目标的确定是自愿的，并没有明确的要求，可以是任何形式。

(2) 执行

计划制定好后，为保证顺利实施，应当建立相关执行系统，对任务进行分工，分配到具体的负责人。负责人负责计划的实施，同时对具体实施情况进行记录。

(3) 检查

实船运营数据是检查的基础，需要采用合适的工具对船舶能效进行检查。IMO

并没有指定官方检查手段，只要能够定量表示船舶能效就可以。目前常用 IMO 制定的 EEOI 作为检查工具。

(4) 处理

实施 SEEMP 不仅需要加强船舶内部管理，良好的外部环境也是必不可少的。因为船舶能效的改进需要多方共同努力，包括货主、船舶从属的公司、修船厂、船舶经营者、相关管理和服务机构等。其中，船舶从属的公司是 SEEMP 实施的基础，负责整个公司船舶能效管理并协调外界部门配合 SEEMP 的实施；货主、船舶经营者等决定着船舶如何运营。

1.4.4　其他指数

除了 IMO 提出的监管措施，也有一些学者研究的其他指标。RightShip 机构提出现有船舶设计指标(existing vessel design index，EVDI)，尝试采用单一指标评估新船和现有船舶的能源效率。Smith 不赞成采用单一的或简化的指标评估船舶能效，而是采用卫星自动识别系统的实测数据针对性地分析船队能源效率。

欧盟一直十分关注航运业的环境问题。尽管 IMO 先后强制实施 EEDI 和 SEEMP 来减少航运业排放，但欧盟环境署对其减排的力度仍表示不满。欧盟环境署制定了自己的减排机制，提出航运业 CO_2 排放监测、报告和核实机制(Regulation(EU)No 20151757 on the Monitoring, Reporting and Verification of CO_2 emissions，MRV 机制)，并尝试不断和 IMO 谈判，促进航运业实施更严格的能效指标，发展绿色航运业。另外，欧盟指出，为加快 MRV 机制实施，虽然目前仅针对 CO_2 排放，但是今后有可能扩大覆盖面，考虑更多的排放物。MRV 机制已在 2015 生效，并于 2018 年强制实施。MRV 机制实施后，对于超过 5000 总吨的船舶，除一些规定的特殊船舶外，在经停欧盟港口时必须实行碳排放监测。

1.5　江海直达船型上的绿色技术应用

1.5.1　特定航线上的港航条件

船型选择受诸多因素的限制，其中航道条件直接影响运输方式和船型大小，风浪、潮汐、雾气等气象条件直接影响船舶通航率，桥梁净空高度限制船型的主尺度及布置方案，进而影响运输过程中的实际载货量。

(1) 航道条件

宁波北仑港至武汉工业港(原武钢工业港)分海段与江段两部分，其中海段为北仑港至吴淞口段，航程约 252km，江段为炮台湾船舶基地至武汉工业港，航程约 1102km，整个航线约 1354km。北仑港至长江口有东西两条航线，东线指外海航线，西线指杭州湾南汇嘴与甬江口连线以西水域。西线水域南、西、北侧连接浙北陆岸，海岸联络方便，东边是宽达 54n mile 的杭州湾，有舟山群岛作为天然屏障，湾内涌浪比外海小，水域较为宽阔，水深大多在 7m 以上，海底十分平坦，泥沙底质，湾内助航设备也较为完善，并有舟山群岛的诸多岛屿作为航行参照物标，是昼夜航行的理想航线。

进入长江口有多条通海水道，相对稳定的水道为南港航道，分为北槽航道、南槽航道、南支航道三条。北槽航道水深 7m，可供深水海轮进出航道；南槽航道水深 5m 以上，可供一艘海轮航行；南支航道水深小于 5m，可供海轮航行。进出长江口的船舶在通行前应根据船舶吃水，准确计算潮汐和航道水深，再选择进出航道。炮台湾至武汉工业港内河航段，中下游航道水深不同对船舶载重量影响最大。从吴淞口至南京航段全年水深 10m 以上，2.4 万 t 级海轮可常年通航。南京至安庆航段通常也可保持 4.5m 设标水深。安庆至芜湖航段 5000t 级海轮可常年通航，中洪水期亦可直航武汉。

对船舶载重量影响最大的航段是芜湖至武汉航段，主要浅水航段包括黑沙洲南水道、土桥水道、太子矶水道、安庆水道、东流水道、马当阻塞线水道、张家洲水道、新洲水道和武穴水道。其中武穴水道最枯水期航道水深不足 4m，并设单程控制。长江浅水航段多出现在 11、12、1、2 月，最枯水期一般出现在 1、2月，持续 4～5 天左右。

《"十二五"期长江黄金水道建设总体推进方案》明确指出国家在"十二五"期间投入长江黄金水道建设的资金不低于 360 亿元，这些资金主要用于长江干线航道、重要支流航道、支持保障系统和中西部地区公用码头等公共基础设施的建设。南京以下航道，重点实施"南京以下 12.5 米深水航道工程"，治理通州沙、白茆沙水道，实施仪征、和畅洲、口岸直、福姜沙等水道航道治理和完善工程，实现南京以下航道水深达到 12.5m。武汉至南京航道，使武汉至安庆段航道水深达到 4.5m，安庆至芜湖段航道水深达到 6.0m，芜湖至南京段航道水深达到 7.5m。宜昌至武汉航道，重点实施长江中游荆江河段(宜昌至城陵矶)航道治理工程，结合河势控制和防洪工程，整治沙市、窑监、藕池口等主要碍航水道，协调推进宜昌至昌门溪河段航道整治工程，将航道等级由二级提高到一级，航道水深达到 3.5m(宜昌至城陵矶段可通航由 2000～3000t 级驳船组成的 6000～10000t 级船队)。

对于武汉到安庆段的航道，4.5m 水深的航道计划仍会使大吨位船舶进入武汉的通航率受到限制，所以武汉中游航运中心建设和区域产业经济发展需要超前建设 6m 航道。

长江干线武汉至上海航道的分月水深如表 1.7 所示。武汉至安庆水道分布改善航道分月水深如表 1.8 所示。目前，武汉至安庆的航道水深为 4.5m，11～4 月枯水期最小吃水 4.5m，洪水期在 9 月最大可达 6.5m。改善航道至 5.0m、5.5m、6.0m 时，最小吃水和最大吃水都相应增大，在维护航道达到 6.0m 时，最大水深可达 7.5m，万吨级江海直达船完全可以常年通行武汉。

表 1.7　长江干线武汉至上海航道分月水深　　　　（单位：m）

航道	月份											
	1	2	3	4	5	6	7	8	9	10	11	12
武汉—安庆	4.5	4.5	4.5	4.5	5	6	6	6	6.5	6	4.5	4.5
安庆—上海	6	6	6	6	6	7.5	7.5	7.5	7.5	7.5	6	6

表 1.8　武汉至安庆水道分布改善航道分月水深　　　　（单位：m）

改善航道	月份											
	1	2	3	4	5	6	7	8	9	10	11	12
现有水深条件	4.5	4.5	4.5	4.5	5	6	6	6	6.5	6	4.5	4.5
改善至 5.0m	5	5	5	5	5.5	6.5	6.5	6.5	7	6.5	5	5
改善至 5.5m	5.5	5.5	5.5	5.5	6	7	7	7	7.5	6.5	5.5	5.5
改善至 6.0m	6	6	6	6	6	7.5	7.5	7.5	7.5	6.5	6	6

(2) 桥梁限制

吴淞口至武汉航道桥梁净空高度和宽度统计如表 1.9 所示。武汉工业港和阳逻港均在武汉二桥下游，不需要通过武汉二桥和武汉一桥。

表 1.9　吴淞口至武汉航道的 6 座大桥净空高度和宽度

名称	净空高度/m	净空宽度/m
南京大桥	24	144
九江大桥	24	216
铜陵大桥	24	210
黄石大桥	22	160
武汉二桥	22	200
武汉一桥	18	120

(3) 风浪情况

杭州湾每年 10 月至次年 2 月多为偏北至偏西风，5～8 月多为东南风，3、4、9 月多为季风转换期，风向不定且平均风力 2～3 级，遇寒潮袭击时最大风力 7～8 级。全年 6 级以上风日约 159 天，7 级以上约 58 天，8 级以上约 13 天，常年多为

4～5 级风，波浪长 30～60m。7～9 月多为台风期，当台风经过舟山群岛附近或在闽浙沿海登陆时，最大风力可达 9 级。据近 25 年气象资料统计，台风中心经过该水域有 9 次，影响时间每次约为 1～3 天。

(4) 潮汐情况

杭州湾潮以定海为主潮港，为不规则半日潮，潮汐落差显著。杭州湾潮为往复流，潮水入湾后呈隆起的波峰状向前推进，通常涨潮时间为 5h，落潮时间为 7h。长江口以吴淞口为主潮港，属于规则半日潮，南港水道潮位受气象影响明显。长江口外潮流为顺时针方向的回转流，吴淞口外潮为西北流向，始于吴淞口高潮前 3h，最大水流速度 1.29m/s，落潮为东南流向，始于吴淞口高潮后 2h，最大水流速度 1.80m/s。

(5) 雾气情况

长江口区的雾气以 5～6 月为多，全年雾气日一般为 40～50 天。

(6) 长江水流速度

根据长江海事局提供的资料，长江干线主要航段的水流速度如表 1.10 所示。

表 1.10 长江干线主要航段的水流速度

航段	航段里程/km	航道技术等级	枯水期水流速度/(m/s)	洪水期水流速度/(m/s)
宜宾—重庆	384	Ⅲ		
重庆—宜昌	671	Ⅱ	1.5～3	4.2
宜昌—枝城	45			
枝城—城陵矶	340	Ⅱ	1.0～1.7	2.0～3.0
城陵矶—武汉	227.5			
武汉长江大桥—浏河口	1020.1	Ⅰ	0.8～1.2	1.6～1.9

(7) 港口状况

由武汉新港至北仑港，经过的港口中，较大的有黄石港、九江港、安庆港、铜陵港、芜湖港、南京港，较小的有鄂州港、武穴港、黄梅港、彭泽港、池州港、马鞍山港。目前，武汉地区大型码头较少，3000～5000t 级码头居多；南京以下万吨级码头居多。

1.5.2 江海直达船主尺度及型线特征

江海直达货船是一种不同于常规海船和江船的宽扁船型，既要适应海上风浪，有较好的稳性、抗沉性和结构强度，又要满足内河弯曲浅水航道操纵灵活的要求。

江海直达船主尺度如下。

(1) 船长

江海直达船需要跨江海航道航行,因此既要保持内河航道航行时良好的回转性,又要具备海上航行时良好的航向稳定性。

(2) 船宽

宽扁型的江海直达船需要靠增加船宽来弥补吃水、船长受限而损失的载重量。这种吃水小、船宽大的特点对船舶在海上的适航性极为不利,宽扁的船体对保证结构的强度和刚度也不利。

(3) 吃水

由于江海直达船航线较长,其吨位一般比内河船大,在内河较浅的航道航行时会产生浅水效应,使船体下沉、吃水增大、阻力增大、推进效率增大,进而影响船舶的运营经济效益。

从经济效益的角度考虑,较大的吃水可以提高船舶的载重量,但受内河航道水深的限制,船舶吃水的设计范围受限,并且如果吃水过小将限制螺旋桨直径,引起飞车和失速。因此,在满足航道、港口水深的条件下,主要根据各航线经济的载重量确定吃水。

另外,考虑内河航道的枯洪期,一般将江海船设计成变吃水。按内河航道限制吃水作为设计吃水的重要考虑因素,考虑洪水期可将变吃水的范围确定为 0.2~0.6m,个别达到 1.0m。

(4) 方形系数

由于江海直达船受吃水的限制,为了满足装载量,方形系数通常选取得较大。据统计,已建江海直达船的方形系数范围在 0.70~0.81,属宽扁船型,而且方形系数有随载重增大而增大的趋势。

(5) 尺度比

大多数江海直达船仍具有内河船的宽扁特点,即一般宽度吃水比 B/T=3.0~5.0。相关国家江海直达船主尺度比如表 1.11 所示。

表 1.11　相关国家江海直达船主尺度比值

对比项	符号	俄罗斯	西欧诸国	中国
长宽比	L/B	7.20~8.18	5.9~6.7	5.25~6.00
宽度吃水比	B/T	3.34~5.00	3.1~3.3	3.0~4.4
型深吃水比	D/T	1.43~2.03	1.1~1.8	1.36~1.65

江海直达船吃水小,船宽较大,长宽比较小及宽度吃水比较大,属于宽扁船

型。根据国内外文献资料,此类船型型线特征如下。

(1) 艏部型线特征

江海直达船型属于低速船,表征船舶快速性的弗劳德数 $Fr = 0.183 \sim 0.2$,兴波阻力占总阻力的比例很小,黏性阻力占总阻力的比例很大。资料分析表明,在满载情况下,采用球艏无法显示减阻作用,但在压载情况下却显示出减阻作用。其原因是,采用球艏后会使艏部型线得以改善,即艏部进流段增加,进流角减小,兴波阻力明显减少。由于江海直达船吃水限制,艉部型线宽扁,货仓靠前,采用球艏可增加载重量,有利于船舶浮态调整,对纵摇也有改善。

(2) 艉部型线特征

船模试验及实践证明,宽扁船型宜采用双艉鳍,其快速性好,运营经济效益显著,而且耐波性和操纵性良好。从快速性能来看,由于该船型宽度吃水比及方形系数较大,采用双艉鳍型线可使艉部去流段增长,去流角减小,流线接近于纵流,使螺旋桨供水充足,提高船身效率。由于采用双桨,每只桨承担一半负荷,故桨直径不太大,这在吃水限制严重的条件下可以充分采用最佳螺旋桨直径提高推进效率。采用较小直径的螺旋桨,船舶在海上航行时,螺旋桨的出水概率减小,在风浪中的失速也较小。虽然采用双艉鳍型线会使船体湿表面积增加,黏性阻力增大,但综合来看,其推进效率的增加超过黏性阻力的损失,而且双艉鳍船型的纵摇及横摇较常规单桨船型及双桨船型的缓和。实船运营数据表明,双艉鳍货船艉部型线以正八字倾斜肥胖艉鳍、内旋螺旋桨为宜。

1.5.3　江海直达船的绿色目标

随着越来越多的国家开始关注船舶对世界环境的影响,绿色船舶技术也在船舶设计、建造、运营、拆解中使用更加频繁。近几年部分船舶常用绿色技术如表 1.12 所示。

以某 888TEU 宽扁型江海直达集装箱船为例,在中国沿海及长江 A、B 航区航行,航线为武汉(阳逻港)—上海(洋山港)—宁波(北仑港)—武汉(阳逻港)。

货舱区域为双底双壳结构,设有三个敞口货舱,舱内布置 16 行 8 列 3 层标准集装箱(共计 378 只),主甲板上布置 16 行 10 列 3 层标准集装箱(共计 474 只),机舱及船尾上甲板布置 2 行 6 列 3 层标准集装箱(共计 36 只),通过计算机配载和纵倾调整,全船可装载 888 只标准集装箱(箱均重 14.5t)。888TEU 节能环保江海直达集装箱船总布置图如图 1.8 所示。

表 1.12 近几年部分船舶常用绿色技术

(单位：%)

绿色技术及相关措施	水动力性能优化与表面减阻				主机系统							推进系统	
	船体型线优化减阻(特殊船艉型线)	减阻涂料节能	采用空气润滑系统	船舶航态调整	双燃料/多燃料主机系统(性能提升)	采用LNG为动力燃料	全自动智能型船用主机	轮机设备集成节能(辅机、主机等)	低速(脱硫燃料)	洗涤器系统	高效桨设计	船-机-桨匹配优化	加装节能附体(导流鳍、毂帽鳍等)
CO₂减排	5~10	5~10	5~10	2~3	1~3	25	1~2	5~10	增加 1~2	2~5	1~10	2~5	2~5
NOₓ减排	5~10	5~10	5~10	2~3	—	35	—	5~10	—	—	1~10	2~5	2~5
SOₓ减排	5~10	5~10	5~10	2~3	1~3	100	1~2	5~10	60~90	90~100	1~10	2~5	2~5

绿色技术及相关措施	废水废热回收利用			轻型结构技术及新材料应用				绿色制造			运营手段		
	废气循环装置	废热回收装置	热泵冷却水系统	使用高强度新型钢材	结构轻量化设计	优化布置	无压载水设计	加工环节钢材利用率	涂装环节溶剂挥发性排放	加工工时	经济航速	智能优化	集装箱装卸优化
CO₂减排	增加 2~3	8~10	1.50	2~5	2~3	2~3	5~10	10~30	30~40	20~40	10~20	5~10	5~10
NOₓ减排	50~70	8~10	1.50	2~5	2~3	2~3	5~10	10~30	30~40	20~40	10~20	5~10	5~10
SOₓ减排	15~25	8~10	1.50	2~5	2~3	2~3	5~10	10~30	30~40	20~40	10~20	5~10	—

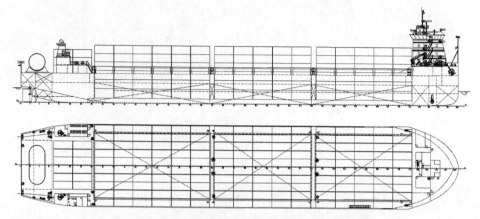

图 1.8　888TEU 节能环保江海直达集装箱船总布置图

船舶采用的绿色技术及达成目标如表 1.13 所示。

表 1.13　船舶采用的绿色技术及达成目标

类型	技术	内容	优化比例/%
节能	水动力性能优化与表面减阻	船体型线优化减阻	5
		高效桨设计	4
		船-机-桨匹配优化	
		减阻涂料节能	1
		轮机设备集成节能	6
		加装节能附体	4
	轻型结构技术及新材料应用	使用高强度新型钢材	1
		结构轻量化设计	
		优化布置	
减排	新能源利用及废水废热回收	采用 LNG 与船用柴油(marine diesel oil, MDO)双燃料	10
		排烟废热回收	15~20
		热泵对冷却水废热回收	

1.5.4　绿色技术适用性分析

(1) 设计方案气体排放量分析

船舶在运营阶段的航行中，产生的主要污染物包括主机排放的废气、生活污水和固体废弃物。船舶主机主要排放物包括 NO_x、SO_2、CO_2 等，如表 1.14

所示。根据相关文献，各类船舶 CO_2 排放因子较为一致，与燃料类型相关；SO_2 排放因子与燃料的含硫量有关，燃料类型是 SO_2 排放量的主要影响因素；NO_x 排放与主机类型相关，低速柴油机的排放因子高于高速柴油机；各类型船舶 CO、粉尘(particulate matter，PM)排放因子差距较大，与船舶活动、发动机负荷等因素相关。

表 1.14　NO_x、SO_2、CO_2 等燃料排放因子计算结果

气体类型	燃料类型	IPCC C 排放系数/(kg C/GJ)	碳氧化	IPCC 2006 年 CO_2 排放系数，CO_2 排放因子	IPCC CO_2 排放系数不确定性/% (95%信赖区间)	原始系数/(kg CO_2/kcal)	排放系数/(kg CO_2/L)	建议排放系数不确定性/% (95%信赖区间)	
CO_2	MDO	20.2	1	74, 100	(−2.0)	(+0.9)	3.10×10^{-4}	2.73	(−2.0) (+0.9)
	润滑油	20.0	1	73, 300	(−1.9)	(+2.6)	3.07×10^{-4}	2.95	(−1.9) (+2.6)
	LNG	—	—	56, 100	(−3.2)	(+3.9)	2.35×10^{-4}	2.33	(−3.2) (+3.9)

气体类型	燃料类型	IPCC N_2O 排放系数/ (kg N_2O/TJ)	IPCC N_2O 排放系数确定性/% (95%信赖区间)	原始系数 /(kg N_2O/kcal)	我国热值 /(kcal/L)	建议排放系数/(kg N_2O/L)	建议排放系数确定性/% (95%信赖区间)	
NO_x	MDO	3.9	(−66.7) (+207.7)	1.63×10^{-8}	8800	1.44×10^{-4}	(−66.7)	(+233.3)
	润滑油	0.6	(−66.7) (−233.3)	2.51×10^{-9}	9600	2.41×10^{-5}	(−66.7)	(−233.3)
	LNG	3.0	(−66.7) (−2466.7)	1.26×10^{-8}	9900	1.24×10^{-4}	(−66.7)	(−2466.7)

气体类型	燃料类型	建议排放系数/(kg SO_2/kg)
SO_2	MDO	2.00×10^{-2}
	LNG	0

注：SO_2 排放因子与燃料的含硫量有关，不同类型燃料差距较大，本书选取 3%含硫量的 MDO；IPCC (Intergovernmental Panel on Climate Change)即联合国政府间气候变化专门委员会。

　　船舶运营阶段环境排放清单如表 1.15 所示。船舶运营阶段的影响因素主要包括主机功率、年运营次数、每次航行时间、运营年数、燃料消耗率等。目前各国对船舶排放的限定主要集中在 NO_x、SO_2、CO_2 等气体排放，在此基础上，针对采用的绿色船舶技术分析其对这三种气体的减排效果。

表 1.15　船舶运营阶段环境排放清单

环境排放类型	燃料类型	主机直接排放/(kg/kg)
CO₂	MDO	3.12
	船用重油(heavy fuel oil，HFO)	3.25
	LNG	2.1
NOₓ	MDO	$2.23×10^{-2}$
	HFO	$6.55×10^{-2}$
	LNG	$1.45×10^{-2}$
SO₂	MDO	$2.90×10^{-3}$
	HFO	$52.2×10^{-2}$
	LNG	—

燃料消耗主要有 MDO(3%含硫量)、LNG、船用润滑油。结合年航行时间和在港时间，CO_2、SO_2、NO_x 年排放量如表 1.16 所示。

表 1.16　CO_2、SO_2、NO_x 年排放量

气体类型	年排放量/t
CO₂	5896.78
SO₂	529.1
NOₓ	51.6

(2) 水动力性能优化与表面减阻技术

水动力性能优化与表面减阻技术如表 1.17 所示。

表 1.17　水动力性能优化与表面减阻技术

技术	措施
水动力性能优化与表面减阻	船体型线优化减阻
	加装节能附体
	减阻涂料节能
	船-机-桨匹配优化
	高效桨设计
	轮机设备集成节能

船体阻力在设计航速下减小 10%，推进效率提高 10%。在未采取主机优化和船体型线优化时，选取 DZC-1000-176(1350kW)主机两台，DI09 074M(269kW)辅机一台，相关燃料消耗率和排放数据如表 1.18 和表 1.19 所示。

表 1.18　主机相关燃料消耗率和排放数据

载荷/%	功率/kW	燃料消耗率/(g/(kW·h))	燃料消耗/t
100	1350	200	—
75	1012	210	—
50	675	195	2238.0

表 1.19　辅机相关燃料消耗率和排放数据

载荷/%	功率/kW	燃料消耗率/(g/(kW·h))	燃料消耗/kg
100	269	196	—
75	202	194	—
50	135	200	281.29

根据主辅机数据，优化前后污染气体年排放量比较如表 1.20 所示。

表 1.20　优化前后污染气体年排放量比较

气体类型	优化前年排放量/kg	优化后排放量/kg	减排比例/%
CO_2	7440.0	5896.8	20.7
SO_2	666.0	529.1	20.6
NO_x	64.8	51.6	20.4

(3) 新能源利用

本书方案采用 LNG 与 MDO 双燃料混合(20% LNG)。传统推进方式与双燃料推进方式差别如图 1.9 所示。

如图 1.9 所示，在双燃料主机方案中，LNG 罐放在船体尾部，这样能最大限度地利用布置空间，优化方案最大布置箱位数可达 888TEU。LNG 作为新型绿色燃料，不含硫，CO_2、NO_x 排放因子较传统燃料也大幅减少。传统推进方式与双燃料推进方式排放量对比如表 1.21 所示。

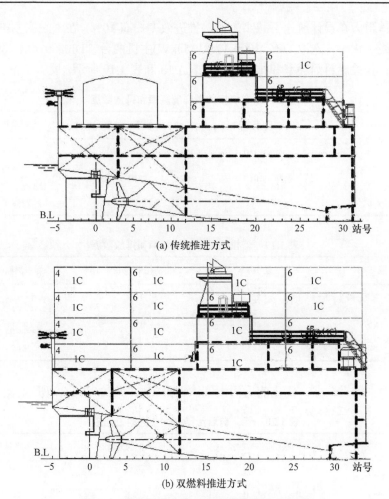

(a) 传统推进方式

(b) 双燃料推进方式

图 1.9　传统推进方式与双燃料推进方式差别

表 1.21　传统推进方式与双燃料推进方式排放量对比

气体类型	传统推进方式排放量/kg	双燃料推进方式排放量/kg	减排比例/%
CO_2	6257.5	5896.8	5.8
SO_2	632.0	529.1	16.3
NO_x	54.4	51.6	5.2

(4) 结构轻量化设计

结构轻量化设计技术包括使用高强度新型钢材、结构轻量化设计，以及优化布置。

在排水量相同条件下，减小空船质量能有效提高单航次的载货量，降低船舶建造成本，提高船舶年运量和经济性。在船体型线和航行状态未变时，所需主机与辅机功率未发生变化，因此全年废气排放总量未发生变化，但是单位货物运输排放废气减少。本书设计方案使用上述结构轻量化设计技术，空船重量减少 5%，单位货物运输排放废气减少 1.48%。结构轻量化设计对单位货物运输排放废气减少比例敏感性分析如表 1.22 所示。

表 1.22　结构轻量化设计对单位货物运输排放废气减少比例敏感性分析　（单位：%）

技术分类	提高程度	单位货物运输排放废气减少比例
	3	0.79
结构轻量化设计	6	1.64
	12	2.54
	15	3.28

(5) 废水废热回收

废水废热回收系统能够降低燃料成本，有效降低有害物质的排放，提高船舶的竞争力。废水废热回收包括废气循环装置、废热回收装置、热泵-冷却水系统等。目前废热回收技术已经在部分船舶上得到应用，主要是利用主机废气热量进行发电或通过电机提供额外的推进功率，一般有以下几种形式。

① 废气绕过增压器直接进入废气锅炉，利用废气中的能量产生蒸汽，再通过蒸汽驱动蒸汽轮机。

② 利用缸套冷却水和增压空气中的能量加热锅炉进水。

③ 废气绕过增压器直接驱动动力透平。据统计，采用废热回收系统以后，主机效率可以提高 10%左右。

采用废水废热回收技术，各气体排放量减少 10.1%、29.4%和 48.4%，如表 1.23 所示。

表 1.23　采用废水废热回收技术对废气排放量的影响

气体类型	未采用废水废热回收技术排放量/kg	采用废水废热回收技术排放量/kg	减排比例/%
CO_2	6555.3	5896.8	−10.1
SO_2	749	529.1	−29.4
NO_x	103	51.6	−48.4

1.6　本章小结

本章通过对国内外江海直达船型特征的分析，基于技术、经济和环境性能构建船型的综合论证体系，归纳分析当前船级社实施的各能效指标及船型的环境性指标，对研发的江海直达船型进行绿色技术适用性分析，旨在开发环境性能优良的绿色江海直达船型。

第 2 章　面向绿色技术的船舶环境影响评估

任何产品在生产、使用到废弃回收的过程，时刻会对外界环境产生影响。生命周期评价(life cycle assessment，LCA)理论就是基于这一思路对产品对环境的影响进行评估，帮助设计人员完成产品绿色设计。基于 LCA 理论，可以对船舶 LCA 方法进行完善，为设计阶段综合分析船舶绿色度打下基础。其主要思路是对原始船型方案进行研究目的和范围的界定，在运营阶段建立能量消耗、气体排放的计算模型，从分析中得到船型方案的燃料消耗，以及主要污染气体排放量；根据不同环境影响因子的特征，对分析数据进行环境影响分类；依据美国国家环境保护局的特征化模型对不同环境影响进行特征化计算，得到船型方案对环境的整体影响。本章通过改进 LCA 计算方法，提出一种面向绿色技术的环境评价分析方法，定量分析不同绿色技术对船型方案产生的节能减排效果与环境综合效益。

20 世纪 90 年代初期，国外许多专家学者将 LCA 理论运用到船舶环境影响评估中，证明其实施的可能性和优势[12]。在 21 世纪，Chatzinikolaou 等[13]通过简化 LCA 方法，建立了一个针对散货船的船舶环境影响潜值评估。研究表明，通过工序细分的方法，将船舶系统划分为多个子系统(船体外壳、机电系统、货物设备系统等)，LCA 方法能高效、直观地实施，并通过实验研究指出系统边界设定的重要性。Georgakaki 等[14]研发了一套 LCA-SHIP 设计软件，在设计初期估算船舶方案的能量消耗效率指数与环境影响潜值，为船舶初步设计方案的环境性能预估提供参考。Tincelin 等[15]研发了一套可持续船舶设计(sustainable ship design，SSD)软件，基于 SimaPro 软件平台，从 LCA 的角度评估不同船舶绿色技术带来的环境影响。Hou[16]利用 LCA 理论比较了游艇采用不同材料的上层建筑对整体方案的环境影响。Gratsos 等[17]针对某散货船不同的结构形式进行全生命周期环境分析，发现稳定的船体结构形式虽然会使用更多钢材，但是可以有效避免腐蚀、破损引起的钢材损耗，减少维修、回收率下降带来的气体排放，使方案整体对环境的影响更小。

近些年，我国也积极参与船舶 LCA 的研究，如船舶碳足迹计算[18]、基于 LCA 的船舶环境影响评估方法[19]。廖文[20]以 ISO 14040～ISO 14043 系列准则为基础，对某巴拿马型散货船进行限定周期的 LCA 分析，并构建船舶生命周期评价系统 LCA-SHIP。该系统能分析船舶设计参数对环境的影响。刘星[21]在此基础上进一步论证了船体材料的选择对船舶环境影响的大小，从绿色设计和 LCA 的角度出发，对某大型游艇船体材料不同方案间的环境影响进行分析。

黄子鉴[22]将 LCA 理论引入 METS，并对船舶总体系进行优化，确保评估方法的可信度。

2.1 船舶大气污染物排放计算模型构造

2.1.1 船舶大气污染物排放计算方法

船舶是一个复杂的综合性系统，要对其外界环境影响进行评估，必须精准估算船舶污染物的排放。从全生命周期角度来看，船舶运营阶段污染物的排放占比最大，因此，如何计算船舶运营阶段的排放十分关键。

船舶运营阶段污染物主要分为燃料废气排放、货物排放(液体货物蒸发)、制冷剂排放、其他排放。废气排放主要指主辅机和锅炉排放的废气，包括 NO_x、SO_x、CO_2，以及固体废弃物等。货物排放主要指与所载运货物有关的排放，如原油运输的泄漏排放。制冷剂排放主要指船用空调制冷剂的泄漏。与汽车、建筑相比，船舶污染物排放至今仍没有一个统一的计算方法，目前主要有燃料消耗量计算法、载重量计算法和手册计算法。

(1) 燃料消耗量计算法

燃料消耗量计算法根据基准年运输船舶的总燃料消耗量、不同污染物排放系数计算船舶各污染物的排放总量，即

$$I_i = W\mathrm{EF}_i \tag{2-1}$$

式中，I_i 为污染物 i 的基准年排放量(t)；W 为污染物总量(10^6L)；EF_i 为污染物 i 的排放系数。

排放系数是不同燃料的平均排放系数，没有考虑船舶的复杂工况、吨位等因素，因此无法运用到具体船型方案的计算。

(2) 载重量计算法

载重量计算法是根据船舶运输单位货物的排放量量化总排放量的方法。以 CO_2 为例：

$$每吨千米的CO_2排放量 = 系数 \times 每吨千米的燃料消耗量 \tag{2-2}$$

系数取决于船型、航线与载重量等因素。例如，油轮每运输吨数产生的 CO_2 量要远远大于集装箱船，近海船舶远大于远洋船舶。载重量计算法方便简单，但只是一种估算方式。

(3) 手册计算法

手册计算法是根据船舶航行状态、吨位等因素计算船舶排放的方法。它是一种基于船舶活动情况的污染物排放计算模型。该方法适合单船各污染物的具体计

算与分析。影响计算结果的参数指标主要有船速、船舶使用年限、船舶燃料、船舶载货情况、海况等。

2.1.2　基于船舶活动情况的大气污染物排放计算模型

基于船舶活动情况的大气污染物排放计算模型如图 2.1 所示。

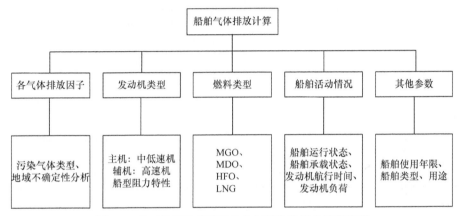

图 2.1　基于船舶活动情况的大气污染物排放计算模型

选用手册计算法对船型方案各污染物排放进行计算，计算步骤如下。

① 年燃料消耗量。根据船舶的航行状态计算船舶燃料消耗量，包括航行燃料消耗及靠岸时的燃料消耗量。燃料主要有 HFO、MDO、船用汽油(marine gas oil, MGO)和 LNG。根据运营情况，船型方案的各种燃料消耗可表示为

$$W_{\text{fuel}} = \sum_{i,j} g_{i,j} P_{i,j} T_{i,j} \tag{2-3}$$

式中，$g_{i,j}$ 为 i 设备 j 工况下的燃料消耗率，如主辅机、锅炉等(g/(kW·h))；$P_{i,j}$ 为 i 设备 j 工况下的燃料消耗率，如主辅机、锅炉等；$T_{i,j}$ 为 i 设备 j 工况的时间(d)。

② 污染物排放量。根据不同燃料消耗量，以及各污染物排放因子特征，可以计算船舶各排放物的年排放量，即

$$Q_i = \sum_j \text{EF}_{i,j} W_j \tag{2-4}$$

式中，Q_i 为 i 污染物的年排放量(g)；$\text{EF}_{i,j}$ 为 i 污染物 j 种燃料排放因子(g/g)，是影响各污染物排放计算的关键。

根据 IMO 近几年对船舶运营阶段主要污染物排放因子的相关研究，船舶主要

污染物排放因子计算方法如表 2.1 所示。表中，FSF 为燃料含硫量，取 2.4%～2.7%；SFOC 为主辅机燃料消耗系数(g/(kW·h))；n 为主机转速。

表 2.1 船舶主要污染物排放因子计算方法

污染物排放因子	计算方法
CO_2/(g/(kW·h))	$EF=3.114g_i$
NO_x/(g/(kW·h))	IMO Tier I: $EF=44×n^{-0.2}$, $130 \leqslant n \leqslant 2000$ IMO Tier II: $EF=44×n^{-0.23}$, $130 \leqslant n \leqslant 2000$
SO_x/(g/(kW·h))	$EF= 2×0.97753×\%FSF$
PM/(g/(kW·h))	HFO: $EF= 1.35+SFOC×7×0.02247×(FSF-0.0246)$ MDO: $EF= 0.23+SFOC×7×0.02247×(FSF-0.0246)$
CH_4/(g/(kW·h))	$EF = EF_{NMVOC}×0.02$
N_2O/(g/(kW·h))	$EF = 0.16×SFOC/1000$

2.2 基于生命周期评价的船舶环境影响评估

2.2.1 LCA-SHIP 算法优化及实施框架

LCA 分析过程包括评价目标方案、确定评价范围、清单分析、影响评价、评价标准确定和提出改进对策。目前船舶全生命计算的研究绝大部分都基于传统的 LCA 软件。这种方法的缺点是很难保证材料、过程工艺环境性数据库数据的实时性，很难做到针对船型特征和子系统的设计特性有效表现设计对象各生命周期阶段的特性。

改进的 LCA-SHIP 方法可以很好地解决以下问题。

① 基于传统 LCA 数据库，留出数据接口，实时更新环境数据参数，如各气体排放因子、各材料生产能量消耗数据清单等。

② 设计者可以根据设计需要，更改研究的系统边界，选择不同的材料、船舶设计状态，变更船型性能及运营计算背景等。

③ 针对不同船型提供给设计者不同的环境指标参数。

LCA-SHIP 船型方案分析流程如图 2.2 所示。

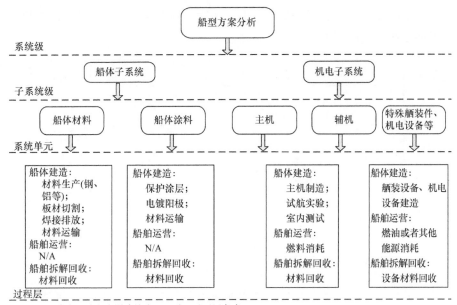

注：N/A代表在此阶段中影响较小，几乎可以不用考虑。

图 2.2　LCA-SHIP 船型方案分析流程

(1) 船体子系统

钢材是船舶主要的船体材料，超过 90%的空船重量由钢材构成。在船舶建造过程中，气体排放主要源于钢铁的生产运输、板材切割，以及船壳涂料。该系统在船舶运营阶段排放较少，主要是船体维护导致的污染物排放。船体在最后回收阶段会产生大量废钢，因此，该子系统在船舶拆解回收阶段会提供大量的钢材，减少相应污染物的排放与能源消耗。

(2) 机电子系统

机电子系统包括主机(提供船舶主要的推进动力)，辅机(主要提供住所所需、货物保存所需的电力能源)，特殊舾装设备、机电设备等，如锅炉、蒸汽机。船舶LCA 计算过程主要包括主机制造、主机安装、试航实验、运营年燃料消耗。研究表明，主机燃料消耗在船舶全生命周期的环境潜值中占比最大，而且设计阶段中如何有效提升船舶方案减排效果也主要体现在运营阶段。基于船舶活动情况的大气污染物排放计算方法能准确计算船舶运营阶段各主要污染物的排放。

2.2.2　目的和范围的确定

评估的目的和范围是整个评估方法的出发点，直接决定 LCA 的计算结果与结论。LCA-SHIP 分析系统边界如图 2.3 所示。针对船舶设计特点，船舶 LCA 主要分为船舶建造、船舶运营和船舶材料回收三个步骤，通过量化生命周期各阶段环境影响情况提出相应的环境改善措施。评估结果为船舶绿色度评价体系提供环境性指标参数，从而实现船舶绿色设计。

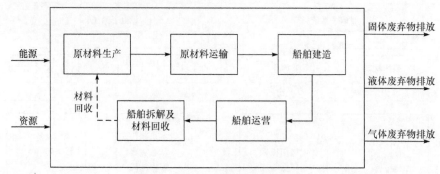

图 2.3　LCA-SHIP 分析系统边界

2.2.3　评价的量化——清单分析

清单分析是分析船舶在整个生命周期内的能源需求与环境排放，收集清单数据的过程，主要包括实景数据和背景数据的收集。它是船舶 LCA 量化的关键步骤。实景数据是研究对象在生命周期内直接消耗或排放的数据。背景数据是研究对象间接产生的环境数据。例如，船舶在航行过程中消耗燃料直接产生的污染物是实景数据，而生产这些 MDO 所产生的污染影响是背景数据。

为保证清单分析相关数据的质量，这里原材料生产加工、船舶建造、船体材料回收过程的排放数据均来自相关 LCA 软件数据库。船舶运营数据主要源于 IMO 针对航运业排放的研究成果，并结合船舶制造业特点对部分数据进行简化改造。处理原则如下。

①　生命周期内涉及的数据较多，在影响评价中考虑船体方案主要排放物的环境影响，对影响力较小的排放物做相关简化。

②　原材料生产、回收过程的清单数据均考虑一般船用材料。

③　MDO 生产和电力生产均考虑我国平均排放水平。

2.2.4　系统框架的功能

系统框架包括一系列辅助船型方案全生命周期内各污染物计算的功能算法，如船型方案重量估算、船型主辅机不同工况下燃料计算、船型方案焊接用料预估、船舶涂料计算方法等。

根据船体结构特点，船体构件可分为甲板、外板、主要舱壁等部分。因为船型方案有详细的分项重量资料，所以分项系数可由方案船或母型船的相关重量数据得到。船体钢材分项换算关系式如表 2.2 所示。

表 2.2　船体钢材分项换算关系式

项目	关系式	项目	关系式
外板	$L^2(B+2D)$	平台甲板及其构架	$L^{1/2}B$
内底板	L^2B	主横舱壁	BD
底部构架	$Ld(B+2D)$	住纵舱壁	LB
上甲板及其构架	L^2B	舭龙骨	L
中间甲板及其构架	LB	船体铸锻件	$(LBD)^{1/3}$

雅典理工大学的船体建造焊接长度估算方法如表 2.3 所示。其中 L、B、D 为船长、船宽、型深。借用主体结构相似原理，可以通过船舶方案主尺度数据估算建造阶段焊缝长度。

表 2.3　焊接长度估算方法

参数	估算方法
纵向加强构件焊缝长度 L_1/m	$L_1 = \left(\dfrac{B}{0.7} \times 3 \times L\right) + \left(\dfrac{D}{0.7} \times 2 \times L\right) + \left(\dfrac{D-2}{0.7} \times 2 \times L\right)$
横向加强构件焊缝长度 L_2/m	$L_2 = \left[\dfrac{L}{0.7} \times (3 \times B + 2 \times D)\right] + \left[\dfrac{L}{0.7} \times (D-2) \times 2\right]$
舱壁焊缝长度 L_3/m	$L_3 = [8 \times (3B + 2D + 2(D-2)] + \left(8 \times \dfrac{B}{0.7} \times D\right)$
板焊缝长度 L_4/m	$L_4 = \left[\dfrac{L}{6} \times (3B + 2D + 2(D-2)\right] + \left(3 \times \dfrac{B}{2} \times L\right)$ $+ \left(\dfrac{D}{2} + \dfrac{D-2}{2}\right) \times 2 \times L$
总焊缝长度 $L_{\text{WeldingTotal}}$/m	$L_{\text{WeldingTotal}} = L_1 + L_2 + L_3 + L_4$

如表 2.4 所示，可以根据船体湿表面积、压载舱面积的阴极保护涂料重量和相关涂料排放因子对船用涂料层排放进行计算。其中，i 为涂层密度，t 为涂层厚度，ε 为深层表面特征系数，μ 为损耗系数，EF_i 为物质的环境当量因子，zincanodes 为镀锌阳极系数。

表 2.4　船用涂料层排放计算方法

船舶涂料	计算方法
船体湿表面积/m²	$A_{\text{Wetted}} = L \times (2D + B) \times \sqrt{0.992} \times \Big[0.53$ $+ 0.632 \times C_B - 0.36 \times (0.992 - 0.5) - 0.00135 \times \dfrac{L}{B} \Big]$
压载舱面积/m²	A_{Ballast} 根据船型方案决定
阴极保护涂料重量(船体)/kg	$Q_{\text{Wetted}} = \dfrac{(A_{\text{Wetted}} \times i)/1000 \times t}{\varepsilon \times \mu}$

续表

船舶涂料	计算方法
阴极保护涂料重量(压载舱)/kg	$Q_{Ballast} = \dfrac{(A_{Ballast} \times i_c)/1000 \times 50\% \times t}{\varepsilon \times \mu}$
排放量/kg	$m_{i/zincanodes} = EF_i / zincanodes \times Q$

2.2.5　环境影响评估

生命周期影响评价(life cycle impact assessment, LCIA)是在清单数据分析基础上，对环境影响潜值进行定量计算的过程。国际上虽未达成统一的评价方法，但国际标准化组织(International Organization for Standardization，ISO)、国际环境毒理学与化学学会(The Society of Environmental Toxicology and Chemistry，SETAC)均把 LCIA 阶段分为环境影响分类、数据特征化、数据量化。

(1) 影响分类

由于船舶各种排放物会引起不同的环境问题，因此，在量化过程中可将排放物的影响归纳为几种影响类型。影响分类就是将清单分析结果按照相似性和一致性归纳为不同环境影响类型，从而简化 LCA 计算过程。主要考虑的船舶环境影响类型包括全球变暖潜值(global warming potential，GWP)、酸化潜值(acidification potential，AP)、富营养化潜值(eutrophication potential，EP)、光化学臭氧生成潜值(photochemical ozone creation potential，POCP)、PM。表 2.5 为 IPCC 主要环境影响类型及当量值。

表 2.5　IPCC 主要环境影响类型及当量值

环境影响类型	相关污染物	当量因子 EF	单位
全球变暖潜值	CO_2	1	kg CO_2eq./kg
	NO_x	320	
	CO	2	
	CH_4	25	
光化学臭氧生成潜值	C_xH_y	0.5	kg C_2H_4eq./kg
	CO	0.03	
	CH_4	0.007	
	NO_x	0.03	
酸化潜值	SO_2	1	kg SO_2eq./kg
	NO_x	0.7	

续表

环境影响类型	相关污染物	当量因子 EF	单位
富营养化潜值	HC	0.41	kg NO$_3$eq./kg
	COD(chemical oxygen demand, 化学需氧量)	0.23	
	SS(suspended solid，悬浮物)	0.18	
	NO$_x$	1.35	
PM	粉尘	1	kg PMeq./kg
	烟尘	1	

(2) 数据特征化

数据特征化是把相同影响类型的不同环境排放物转换成相同量纲进行比较的过程。例如，对于酸化影响，以 SO$_2$ 作为基本量，将酸化影响类型的其他排放物按标准量转化成 SO$_2$ 量，累加得到该影响类型的最终特征化值，即该类污染类型的影响潜值。不同类型影响潜值计算方法为

$$\text{EP}(j) = \sum_i \text{EP}(j)_i = \sum_i (Q_i \text{EF}(j)_i) \tag{2-5}$$

式中，EP(j)为第 j 类环境影响类型的贡献；EP(j)$_i$为第 i 类污染物对第 j 类环境影响类型的贡献；Q_i为第 i 类污染物排放量；EF(j)$_i$为第 i 类污染物对第 j 类环境影响类型的当量因子。

(3) 数据量化

数据量化主要包括标准化和加权两个步骤。

① 标准化。在特征化基础上，不同环境影响类型在数据上可进行对比。为反映不同环境影响类型对整体环境的影响程度，需要对各类影响类型进行无量纲处理，即

$$\text{NP}(j)_i = \text{EP}(j)_i / \text{POP}_i \tag{2-6}$$

式中，NP(j)$_i$为 i 年某区域人均环境影响潜值；EP(j)$_i$为 i 年某区域总环境影响潜值；POP$_i$为 i 年某区域人口。

标准化后产品的环境影响潜值为

$$\text{NEP}(j) = \text{EP}(j) / \text{NP}(j)_i \tag{2-7}$$

式中，NEP(j)为标准化后的环境影响潜值，单位为 eq./(人·年)。

环境影响类型的标准化基准值如表 2.6 所示。

表 2.6　环境影响类型的标准化基准值

环境影响类型	标准化基准值	单位
全球变暖潜值	8700	kg CO_2eq./kg
酸化潜值	36	kg SO_2eq./kg
光化学臭氧生成潜值	0.65	kg C_2H_4eq./kg
富营养化潜值	62	kg NO_3eq./kg
PM	18	kg PMeq./kg

② 加权。在标准化基础上，根据不同环境影响类型的重要性对不同环境影响类型赋予不同的权重，最终能够得到一个综合性影响指标，即

$$WP(j) = WF(j) \times NEP(j) \tag{2-8}$$

式中，$WP(j)$为加权后的影响潜值；$WF(j)$为j种环境影响的权重因子；$NEP(j)$为标准化后的影响潜值。

中国环境影响类型的权重如表 2.7 所示。权重反映 1990 年的标准化基准值达到 2000 年削减目标需要削减的量。

表 2.7　中国环境影响类型的权重

环境影响类型	权重
全球变暖潜值	0.83
光化学臭氧生成潜值	0.73
酸化潜值	0.53
富营养化潜值	0.73
PM	0.61

2.2.6　江海直达船型生命周期评价实例

为了进一步验证船体方案 LCA 方法，选取某江海直达集装箱船作为实例船型，对船体方案的环境影响进行分析。其清单分析数据输入如表 2.8 所示。

表 2.8　某江海直达集装箱船清单分析数据输入

生命周期子系统	主要参数	江海直达集装箱船的数据
船体	机电设备重量/t	559.69
	舾装设备重量/t	916.96
	主船体钢材重量/t	2277
	上层建筑钢材重量/t	217.75

续表

生命周期子系统	主要参数		江海直达集装箱船的数据
机电	主机信息	额定功率/kW	1103×2
		燃料消耗率/(g/(kW·h))	205
		润滑油燃料消耗率/(g/(kW·h))	1.7
	辅机信息	额定功率/kW	240
		燃料消耗率/(g/(kW·h))	231
		润滑油燃料消耗率/(g/(kW·h))	1.36
	应急发电机	额定功率/kW	115
		燃料消耗率/(g/(kW·h))	217
		润滑油燃料消耗率/(g/(kW·h))	1.36
	锅炉信息	燃料消耗率/(kg/h)	28

(1) 清单分析结果

通过对船型方案各个阶段能源消耗与污染物排放的计算，可以得到某江海直达船方案全生命周期的清单分析结果。机电系统年燃料消耗情况如表 2.9 所示。

表 2.9　机电系统年燃料消耗情况

主机燃料消耗量/t	辅机燃料消耗量/t	锅炉燃料消耗量/t
2337.2	253.5	376.05

假设船舶运营年限为 25 年，船舶运营年限越长，其阻力性能、主机效率下降越明显，需要定期维修维护，假定每 5 年进行维护。雅典理工大学在分析船型方案环境影响时考虑船舶阻力性能与运营年限的关系(图 2.4)，结合长江分月航行限制，可计算船型方案运营期间主要污染物排放情况(图 2.5)。运营阶段的排放主要与船舶运营情况和主辅机的工作状态相关。

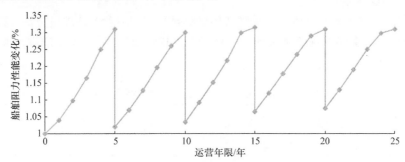

图 2.4　船舶阻力性能变化与运营年限关系

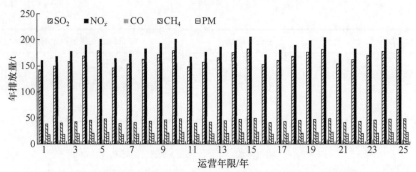

图 2.5　江海直达集装箱船方案运营期间主要污染物排放情况

按照前期数据准备和理论阐述，江海直达集装箱船方案主要污染物排放清单数据汇总如表 2.10 所示。

表 2.10　江海直达集装箱船方案主要污染物排放清单数据汇总

排放物类型	原材料生产	原材料运输	船舶建造	船舶运营	船舶拆解
CO_2/t	7750.39	51.30	1.33	$2.45×10^5$	−2416.51
SO_2/t	134.82	0.82	0.00	4120.55	−69.95
NO_x/t	50.95	0.96	0.00	4645.36	−28.73
CO/t	635.00	0.15	0.00	203.88	−354.61
CH_4/t	84.61	0.09	0.00	1105.32	−47.71
PM/t	544.20	0.00	0.51	509.31	−292.62
COD/t	103.41	0.00	0.00	0.00	−58.31
SS/t	2071.48	0.00	0.00	0.00	−1116.93
能量消耗 E/MJ	$6.26×10^7$	$1.47×10^3$	$8.67×10^4$	$3.26×10^9$	$−3.33×10^7$

分析表中数据可以发现，船舶运营阶段和原材料生产阶段的能源消耗在船舶生命周期内所占比例很高，可高达 99%。在主要污染物排放方面，船舶运营阶段高于其他阶段。在原材料生产阶段的 CO、PM、COD、SS 排放量要高于船舶运营阶段的，因此在设计阶段实施节能减排措施时，应将重点放在船舶运营阶段。

(2) 方案影响评价

根据表 2.10 清单分析可以得到各污染物排放量。结合前述评价方法，江海直达集装箱船方案影响评价结果如表 2.11 所示。其生命周期各阶段的环境影响值如图 2.6 所示。

表 2.11　江海直达集装箱船方案影响评价结果

影响类型	全球变暖潜值 /(kg CO_2eq./kg)	光化学臭氧 生成潜值/(kg C_2H_4eq./kg)	酸化潜值/(kg SO_2eq./kg)	富营养化潜值 /(kg NO_3eq./kg)	PM/(kg PMeq./kg)	总计/ (eq./(人·年))
原材料生产	$2.62×10^3$	$2.38×10^4$	$2.51×10^3$	$5.48×10^3$	$1.84×10^4$	$5.28×10^4$

续表

影响类型	全球变暖潜值/(kg CO$_2$eq./kg)	光化学臭氧生成潜值/(kg C$_2$H$_4$eq./kg)	酸化潜值/(kg SO$_2$eq./kg)	富营养化潜值/(kg NO$_3$eq./kg)	PM/(kg PMeq./kg)	总计/(eq./(人·年))
原材料运输	3.45×10	3.83×10	2.19×10	1.53×10	5.60×10^{-2}	1.10×10^2
船舶制造	1.63×10^{-1}	2.64×10	3.63×10^{-2}	1.88×10^{-2}	1.71×10	4.37×10
船舶运营	1.68×10^5	1.72×10^5	1.09×10^5	7.38×10^4	1.73×10^4	5.40×10^5
船舶拆解	-1.37×10^3	-1.4×10^4	-1.4×10^3	-3.2×10^3	-1.1×10^4	-3.1×10^4
总计	1.69×10^5	1.82×10^5	1.10×10^5	7.62×10^4	2.52×10^4	5.62×10^5

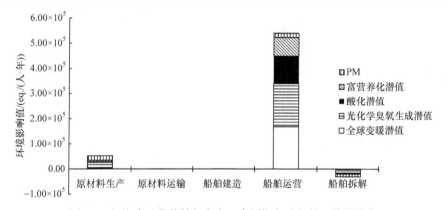

图 2.6　江海直达集装箱船方案生命周期各阶段的环境影响值

由图 2.6 可知，全球变暖潜值、光化学臭氧生成潜值对于江海直达集装箱船方案环境影响值最大，分别占 30.1% 和 32.35%。从船舶方案各阶段来看，船舶运营阶段环境影响值最大，占全生命周期的 96%。

2.3　绿色船舶的环境影响分析

2.3.1　船舶绿色技术总结

从船舶全生命周期角度出发，船舶绿色技术都可归结为燃料和船材的减耗。面向方案的主要绿色技术可以分为以下几类。

(1) 船舶性能优化

改进船舶性能主要从船体设计出发，使船舶在航行中完成单位货物运输所需阻力更小，以此提高船舶推进效率。改进船舶性能主要包括优化船型设计、加装节能附体等。

① 船型优化设计。其主要方法如表 2.12 所示。

表 2.12 船型优化设计的主要方法

船型优化设计	主要方法
船体主尺度优化	设计初期主尺度选取决定设计的成败
船体型线优化	通过型线优化提高船舶水动力性能，减少燃料消耗
结构优化设计	采用新材料，以及结构轻量化设计降低船舶钢材重量
螺旋桨优化设计	提高桨叶粗糙度，合理设计以提高推进效率
船体涂层优化	采用低阻力喷涂材料，防止海洋污染物黏附，减少阻力

② 开发节能附体装置。节能附体主要通过在船尾附近、螺旋桨周围添设附体装置改善船尾流场来提高螺旋桨或船身效率。节能附体装置及应用如表 2.13 所示。

表 2.13 节能附体装置及应用

策略	装置	节能潜力/%	
		集装箱船	散货及油轮
改善船尾流场	导流管	4	4
	涡流发生器	增加能量消耗	3
减小摩擦损失	NPT(new profile technology)桨	4	4
减小周向能量损失	预旋叶片	4	6
	舵叶整流片	4	5
	扭曲舵	2	2
减小桨毂涡流损失	舵球	3	3
	消涡鳍	3	3
减小桨叶稍涡损失	Kappel 桨	4	4
	CLT(contracted and loaded tip，收缩型叶梢有载)桨	4	4
组合式	Mewis 导流管	3	8
	扭曲舵+舵球	4	4
	扭曲舵+舵球+桨舵匹配设计	6	6

(2) 船舶设备节能减排

① 主机节能减排。船舶驱动主要依靠主机，因此有效提高主机效率是船舶节能减排的关键。例如，改进主机活塞结构，提高燃料完全燃烧率，从而达到节能减排；优化主机整体设计结构，采用新材料，从轴承、活塞环等结构设计出发，

减小主机工作时的摩擦力；采用新能源，使用双燃料动力系统能有效降低温室气体排放。

② 废气废热回收节能减排。主机燃料通常只有 50%的能量转化效率，有超过一半的损失是以废气热量的形式消耗。主机废热回收主要通过透平将废热转化为电力来减少发电机组功率，可达到提高 2%～3.5%主机功率的效果。目前的废热回收装置主要用于大功率船舶，其减排效果主要与系统的组合方式有关。

(3) 船舶运营节能

① 降低航速。对于一般货运型船舶，通过降低航速来减小单位燃料消耗低，虽然这样增加了航行周期，但综合考虑收益，能带来良好的经济增益。因此，降低航速是航商首选的节能减排策略。

② 提高运载率。合理的载货量，以及布置方式能有效提高船舶的运营效率，减少船舶单位货物运输的碳排放量和能量消耗，同时减少货物运输船只，降低总体成本投入。

③ 优化布置与调整纵倾。每个特定的船舶航行运营状态都存在一个最佳纵倾角度使其所需的推进功率最小。由于船舶吨位不断增大，船舶对纵倾也越来越敏感。因此，实时优化全船布置，并及时调整纵倾等航行状态，能有效节能并达到减排效果。

2.3.2　面向绿色技术的船舶环境影响评估方法

面向绿色技术的船舶环境评估方法如图 2.7 所示。通过对船舶绿色技术梳理，从船舶全生命周期环境评价的角度出发，常规绿色技术对船舶方案的影响可以分为以下三类[23]。

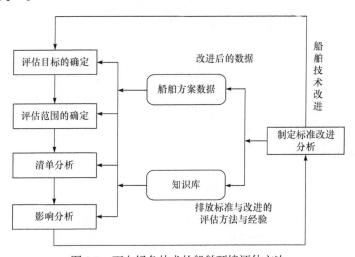

图 2.7　面向绿色技术的船舶环境评估方法

① 影响船舶整体阻力性能，提高船舶推进效率，降低燃料消耗。例如优化船体型线，提高螺旋桨效率、船身效率、主机性能等。

② 影响船舶自身重量、空间布置、载货量、间接影响排放。例如船体钢材轻量化、优化船体布置、无压载水设计等。

③ 从排放源出发，采用排放因子更小的燃料或对排放气体直接回收利用。例如采用新能源、使用废气废热回收系统等。

在船舶生命周期各阶段，船舶运营阶段影响值所占的比例最大，而原材料运输和船舶建造阶段环境影响潜值很小，各项绿色技术的选取实施的主要影响也体现在对原材料生产、船舶运营阶段。因此，基于全生命周期分析具体绿色技术对船型方案的环境影响主要聚焦在船舶运营阶段，对于船舶的拆解、运输等可以弱化，这样不仅可以提高评价结果的准确性和效率，还能更好地表现绿色技术对船舶方案环境潜值的影响。尽管完整生命周期的方法更为准确，但通过简化计算模型可以很好地降低数据不确定性带来的影响，针对特定船型方案绿色技术的选取给出建议。船舶整体 LCA 环境评价可表示为

$$I = M + nE \tag{2-9}$$

式中，M 为船舶原材料生产、建造、回收阶段的环境影响潜值；E 为每年船舶运营阶段环境影响潜值；n 为全生命周期船舶运营年份。

$$E \propto P_T = P_P + P_B = \alpha P_T + P_B \tag{2-10}$$

式中，P_T 为全船运营阶段总功率；P_P 为推进系统消耗功率；P_B 为货物或者乘客所需的日常能量消耗；α 为主机能量消耗指数。

引入海军系数 C_a，设 Δ 为排水量，V 为航速，则

$$C_a = \Delta^{2/3} \frac{V^3}{P_P} \tag{2-11}$$

则运营阶段的环境影响潜值 $E \propto \Delta^{2/3} V^3 / C_a + P_B$，在航速 V 不变条件下，E 可以表示为

$$E = a + b\Delta^{2/3} \tag{2-12}$$

式中，a、b 均为定量。

对 E 求偏导可得

$$\partial E = \frac{2}{3} b \times \frac{\partial \Delta}{\Delta^{1/3}} \tag{2-13}$$

$E - a$ 主要受主机系统的影响，假定

$$E - a = \alpha E \tag{2-14}$$

式中，α 表示主机能量消耗指数(指主机能量消耗占船舶总能量消耗的比例)，代入式(2-12)可得

$$b = \frac{\alpha E}{\Delta^{2/3}} \qquad (2-15)$$

将式(2-15)代入式(2-12)可得

$$\partial E = \frac{2}{3} \alpha E \frac{\partial \Delta}{\Delta} \qquad (2-16)$$

通过上述分析可以比较两种技术运用在同一船型方案的环境影响区别，根据式(2-9)可知

$$\partial I = \partial M + n \partial E \qquad (2-17)$$

假设对同一船型方案采用某项绿色技术引起的重量变化 W_1、环境影响潜值变化 I_1，采用另一项绿色技术带来的重量变化 W_2，以及环境影响潜值变化 I_2。若第 2 个技术带来的环境改善更为高效，则有

$$\frac{I_2 - I_1}{n} < \frac{2}{3} \frac{\alpha E}{\Delta}(W_1 - W_2) \qquad (2-18)$$

引进全生命周期环境评价参数 C_E，评价船型方案环境提高的难易程度，针对不同的船型，该指标可以做适当调整，如货运船考量参考载货能力、客运船考量旅客人数等影响。C_E 为

$$C_E = \frac{2}{3} \frac{\alpha E}{\Delta} \qquad (2-19)$$

根据以上分析，绿色船舶技术可分为以下两类。

① 通过技术革新，从船型方案本身出发，如改善船舶阻力性能、优化布置、主尺度优化、结构轻量化达到节能减排效果的技术，即

$$\frac{I_2 - I_1}{n(W_1 - W_2)} < C_E, \quad W_1 - W_2 \leqslant 0 \qquad (2-20)$$

② 通过节能附体装置、废气废热处理装置等外在装置间接影响船舶能量消耗，以及排放情况的技术，即

$$\frac{I_2 - I_1}{n(W_1 - W_2)} > C_E, \quad W_1 - W_2 > 0 \qquad (2-21)$$

收集相关江海直达船的设计数据与船型资料，对长江干线的 9 条江海直达集装箱船进行计算分析,得到的长江干线江海直达船型环境评价参数 C_E 与装箱量的关系如图 2.8 所示。由此可知，环境评价参数 C_E 随着装箱量的增加而减少，呈负指数关系。这说明，船舶方案货运级别越大，其减排空间越大，绿色技术实施的减排效果越明显。

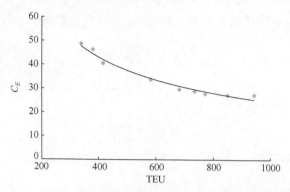

图 2.8　长江干线江海直达船型环境评价参数 C_E 与装箱量的关系

2.3.3　典型绿色技术减排效果敏感性分析

本节对典型绿色技术用于具体江海直达集装箱船方案的减排效果进行分析，包括水动力性能优化与表面减阻、结构轻量化设计，以及 LNG 与 MDO 双燃料动力系统等方面。

(1) 水动力性能优化与表面减阻

假定船体阻力性能在设计航速下相较原方案减小 3%、5%、7%、9%，以某江海直达集装箱船为设计方案，计算主要污染物全生命周期的排放量，并与原设计方案进行比较。船体型线优化减阻对主要污染物排放的影响如表 2.14 所示。在船体型线不断优化的情况下，主机选型会出现跳挡现象。考虑主机燃料消耗的特性，对该船体阻力性能优化 5% 和 7% 时，各气体的减排效果并不是特别明显。随着船体阻力性能的不断优化，各气体的减排效果会越来越明显，但并不是完全与阻力减少呈线性关系。

表 2.14　船体型线优化减阻对主要污染物排放的影响　　　　(单位：%)

指标	船体阻力性能优化比例下对污染物排放的影响			
	3%	5%	7%	9%
CO_2	−3.84	−6.28	−6.58	−9.21
SO_2	−3.86	−6.31	−6.61	−9.25
NO_x	−3.92	−6.41	−6.71	−9.40
CO	−1.74	−2.84	−3.25	−4.44
CH_4	−3.80	−6.22	−6.52	−9.12
PM	−2.69	−4.39	−4.75	−6.59
环境评价参数 C_E	−4.34	−7.10	−7.62	−10.59
环境影响潜值 I	−3.78	−6.18	−6.48	−9.07
能量消耗 E	−3.88	−6.35	−7.63	−9.30

(2) 采用双燃料动力系统

双燃料发动机的工作原理如图 2.9 所示。

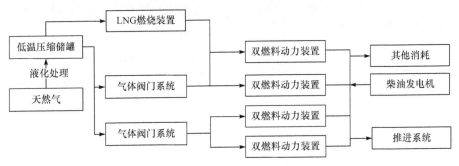

图 2.9　双燃料发动机的工作原理

采用 LNG 与 MDO 双燃料动力系统时，与传统主机相比，船型方案设计过程中主要考量对整体布置的影响。新方案考虑将 LNG 罐体布置在船体尾部甲板上，这样能最大限度地利用布置空间，与布置在舱内相比，能有效减少 LNG 安全问题带来的空间损失。在不影响阻力性能的情况下，相较采用传统推进布置方案，随着航行阶段 LNG 使用量的不同，双燃料推进方式所需的罐体也不同，可合理调整集装箱位置，但其布置箱位会减少 3%～5%。

作为新型绿色燃料，LNG 含硫量较少，CO_2、NO_x 排放因子较传统燃料大幅减少，但是在燃烧过程增加了液化过程，会加剧 CH_4 的排放。因此，在计算使用 LNG 作为船用燃料时需考虑其特殊的排放因子特性。LNG 各污染物的排放因子如表 2.15 所示。

表 2.15　LNG 各污染物的排放因子

污染物类型	生产阶段/(kg/t)	液化阶段/(kg/t)	燃烧/(kg/t)
CO_2	6.23×10^{-2}	2.28×10^{-1}	2.75
CH_4	8.75×10^{-5}	1.94×10^{-3}	2.00×10^{-5}
NO_x	1.38×10^{-4}	7.47×10^{-6}	7.83×10^{-3}
CO	8.45×10^{-5}	1.24×10^{-4}	7.83×10^{-3}
SO_2	3.95×10^{-4}	1.87×10^{-5}	5.12×10^{-2}
PM	9.12×10^{-4}	1.27×10^{-6}	1.80×10^{-4}

假定船舶运营过程中 LNG 所占比例为 20%、40%、60%，计算主要污染物全生命周期的排放量。从全生命周期角度可以发现，采用双燃料动力系统能极大地改善 CO_2、SO_2、NO_x 等主要温室气体的排放，但由于天然气本身含有大量甲烷气体，所以使 CO、CH_4 的排放量急剧上升。利用 LCA 理论综合分析，在运营期间

使用 60%的 LNG 燃料方案可对环境影响潜值减少 34.57%，C_E 减少 23.06%，因此，使用新能源是一种高效提升船舶环境性能的方法。同时，考虑双燃料机型对整体布置的影响会减少船舶装箱量，C_E 能更客观地反映整体方案的环境性变化。采用双燃料动力系统对主要污染物排放的影响如表 2.16 所示。

表 2.16　采用双燃料动力系统对主要污染物排放的影响　　　　（单位：%）

指标	不同 LNG 使用比例下对污染物排放的影响		
	20%	40%	60%
CO_2	−2.30	−4.64	−6.94
SO_2	−17.43	−34.88	−52.33
NO_x	−15.54	−31.11	−46.67
CO	16.78	33.54	50.33
CH_4	106.66	213.29	320.06
PM	−11.61	−23.25	−34.87
环境评价参数 C_E	−7.57	−15.27	−23.06
环境影响潜值 I	−11.51	−23.05	−34.57
能量消耗 E	3.14	6.25	9.39

(3) 结构轻量化设计

在排水量相同条件下，减少空船重量能有效提高单次航行的载货量。假定空船重量减少 2.5%、5%、7.5%、10%，计算主要污染物的排放量变化。从全生命周期出发，减轻船舶自身重量，主要是减少船舶建造钢材的使用，因此，全生命周期环境影响潜值变化并不明显。但环境评价参数 C_E 考虑了载重量变化对环境的影响，能够表示单位污染物的排放，因此若要客观地评价船舶结构轻量化设计对整体方案污染物排放的影响，C_E 更能准确地评价船型方案环境性能变化。船舶结构轻量化设计对主要污染物排放的影响如表 2.17 所示。

表 2.17　船舶结构轻量化设计对主要污染物排放的影响　　　　（单位：%）

指标	不同结构轻量化程度下对污染物排放的影响			
	2.5%	5%	7.5%	10%
CO_2	−0.03	−0.10	−0.13	−0.17
SO_2	−0.02	−0.08	−0.10	−0.13
NO_x	−0.01	−0.05	−0.05	−0.06
CO	−0.90	−1.82	−2.72	−3.63
CH_4	−0.05	−0.13	−0.18	−0.22

续表

指标	不同结构轻量化程度下对污染物排放的影响			
	2.5%	5%	7.5%	10%
PM	−0.51	−1.04	−1.54	−2.05
环境评价参数 C_E	−0.85	−1.71	−2.53	−5.39
环境影响潜值 I	−0.06	−0.16	−0.22	−0.29
能量消耗 E	−0.03	−0.10	−0.13	−0.16

2.3.4　技术组合实例分析

上述是采用特定绿色技术船舶方案的敏感性分析，考虑各绿色技术存在耦合关系，因此分析时需考虑各技术的联合减排效益。假设优化后的江海直达集装箱船方案与原设计方案整体阻力性能提升 5%、全船钢材重量减少 7.5%，并使用双燃料动力系统(LNG 占 50%)，计算各主要气体减排情况以及环境影响变化，最后与原方案进行对比，可分析优化后的船型方案在环境性上的改善。主要污染物排放量、减排效果对比如表 2.18 所示。

表 2.18　主要污染物排放量、减排效果对比

污染物	优化方案排放量/t	原方案排放量/t	减排效果/%
CO_2	$2.21×10^5$	$2.50×10^5$	−11.83
SO_2	2218.62	4181.75	−46.95
NO_x	2679.31	4666.70	−42.59
CO	608.16	461.71	31.72
CH_4	3887.41	1139.25	241.23
PM	491.19	742.65	−33.86

从全生命周期的角度出发，船舶主要污染气体 CO_2、SO_2、NO_x、PM 均减少，而 CH_4、CO 由于 LNG 的燃烧特点大幅上升。综合环境影响如表 2.19 所示。其中，环境评价参数 C_E 下降 28.03%，环境潜值 I 下降 33.27%。而能量消耗方面，总能量消耗增加 0.74%，单位能量消耗下降 12.81%，这是由于 LNG 燃料在生产阶段能量消耗略高于 MDO，综合年运量可以有效减少单位货物运输能量消耗。

表 2.19　综合环境影响

指标	优化方案	原方案	变化/%
环境评价参数 C_E	19.70	27.37	−28.03
环境影响潜值 I	3.75×10^5	5.62×10^5	−33.27
能量消耗 E/MJ	3.32×10^9	3.29×10^9	0.74
单位货物运输能量消耗 e/(MJ/TEU)	143.9551	165.0956	−12.81

基于 METS 原理和 LCA 理论，本节针对性地分析了绿色技术对具体江海直达集装箱船方案的经济性能与环境负荷影响。在船舶设计过程中，应以保证船舶使用性能为首要目标，将减排节能思想理念融入船舶设计才能真正达到绿色船舶要求。以船舶绿色度评价理论为基础，针对船舶设计各阶段，构建一个针对江海直达集装箱船绿色度评价体系，可为今后船舶绿色度，以及绿色技术的适用性分析提供理论依据。

2.4　江海直达集装箱船绿色度计算与实例分析

2.4.1　船舶绿色度计算方法

船舶绿色度评价的层次结构模型如图 2.10 所示。单纯采用层次分析法很难描述某些难以量化的评价指标，因此，可以借助模糊层次分析法(fuzzy analytic hierarchy process，FAHP)方法，采用隶属函数将模糊概念转化为定量因素。

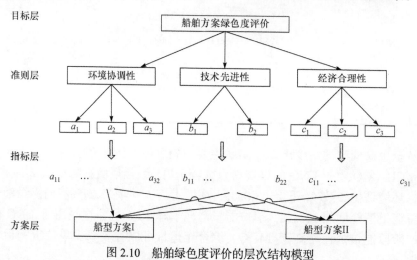

图 2.10　船舶绿色度评价的层次结构模型

(1) 权重计算

船舶绿色度评价的层次结构能够清晰地反映各类影响因素，但每个指标的重要性并不相同，因此需要对各个指标赋予权重来反映影响程度。在实际设计中，对众多指标进行重要性的综合排序难度较大，因此引入模糊数学理念，使用数字 1～9 来标度各子目标的相对重要程度，将各指标进行两两比较完成判断矩阵 $A = (a_{ij})_{n \times n}$，$i$ 和 j 分别为元素的标号。例如，$a_{14}=4$ 时，说明第 1 个子目标的重要程度是第 2 个子目标的 4 倍，这种判断是主观的。判断矩阵 A 具有正反矩阵的性质，即 $a_{ij} > 0$、$a_{ij} = 1/a_{ji}$，$(i, j=1, 2, \cdots, n)$。计算判断矩阵 A 的特征向量 W，归一化处理可以得到权重。特征向量 W 的计算方法如下。

① 计算每一行元素乘积 M_i，即

$$M_i = \prod_{j=1}^{n} a_{ij} \tag{2-22}$$

② 计算 M_i 的 n 次方根 $\overline{W}_i$，即

$$\overline{W}_i = \sqrt[n]{M_i} \tag{2-23}$$

③ 对向量 $\overline{W}_i = [\overline{W}_1, \overline{W}_2, \cdots, \overline{W}_n]^{\mathrm{T}}$ 正规化，即

$$W_i = \frac{\overline{W}_i}{\sum\limits_{j=1}^{n} \overline{W}_j} \tag{2-24}$$

得到的 W_i 为所求的特征向量，令 $\lambda_{\max}$ 为特征向量中最大特征根。

④ 计算最大特征根 $\lambda_{\max}$，即

$$\lambda_{\max} = \sum_{i=1}^{n} \frac{(AW)_i}{nW_i} \tag{2-25}$$

式中，$(AW)_i$ 表示 AW 的第 i 个元素。

通过求解判断矩阵的最大特征值 $\lambda_{\max}$ 及其特征值，可以得到这一组指标在该准则层下的相对权重。

⑤ 一致性检验。求出最大特征根 $\lambda_{\max}$ 后，需要对判断矩阵进行一致性检验，保证结论的可靠性。其主要步骤如下。

第一，计算一致性指标 C.I，即

$$\mathrm{C.I} = \frac{\lambda_{\max} - n}{n - 1} \tag{2-26}$$

第二，计算平均随机一致性指标 R.I。

R.I 指标是在对多次重复随机判断矩阵特征值的计算后取平均值得到的。1～9

阶判断矩阵的 R.I 值如表 2.20 所示。

表 2.20   1～9 阶判断矩阵的 R.I 值

指标	1	2	3	4	5	6	7	8	9
R.I	0.00	0.00	0.58	0.90	1.12	1.24	1.32	1.41	1.45

第三，计算一致性比率 C.R，即

$$C.R = \frac{C.I}{R.I} \tag{2-27}$$

当 C.R ≥ 0.1 时，判断矩阵不满足一致性检验，需重新构建判断矩阵。

在得到各底层指标的权重后，为了得到同层次指标对于目标层的权重，组合权重的计算需从最高层开始计算。若 A 层含有 m 个指标 A_1，A_2，$\cdots$，A_m，对于目标层的权重为 a_1，a_2，$\cdots$，a_m。指标 A_i 的下一层共有 n 个指标 A_{i1}，A_{i2}，$\cdots$，A_{in}，对于 A_i 的权重分别为 a_{i1}，a_{i2}，$\cdots$，a_{in}，则 A 层的组合权重为两层组合权重的乘积，即

$$w_j = \sum_{i=1}^{m} a_{ij}a_i, \quad j=1,2,\cdots,n \tag{2-28}$$

(2) 船舶绿色度评价函数建立

在多指标评价体系中，不同指标的量纲往往不同。在进行船舶绿色度综合评价时，确定权重后还需要对各指标参数进行无量纲处理，因此需要引入隶属度和隶属函数[24,25]，将各类异量纲的评价指标综合成一个总隶属度。在船舶绿色度评价体系中，根据江海直达集装箱船数据库，可以计算各参数指标的极大值与极小值，或者参考相关规范及准则要求作为各指标的隶属区间，即

$$\mu_A(x_i) = \frac{x - x_{\min}}{x_{\max} - x_{\min}} \tag{2-29}$$

则最终船舶绿色度评价数学模型表示为

$$T = \sum_{i=1}^{n} W_i \mu_A(x_i) \tag{2-30}$$

式中，$\mu_A(x_i)$ 为各评价指标的隶属度；W_i 为最底层指标组合权重；T 为船舶绿色度综合评价；x_i 为第 i 项评价指标。

江海直达集装箱船绿色度评价最底层指标权重及隶属区间如表 2.21 所示。

表 2.21 江海直达集装箱船绿色度评价最底层指标权重及隶属区间

一级指标层	二级指标层	三级指标层	组合权重	隶属区间
环境属性	环境指标	环境影响潜值	0.0407	$[2.96 \times 10^5, \ 6.46 \times 10^5]$
		环境影响评估	0.0642	$[15.23, \ 34.51]$
		EEDI 折减系数	0.0360	$[0, \ 1]$
		EEOI 折减系数	0.0360	$[0, \ 1]$
	资源指标	环保设备使用率	0.0372	$[0, \ 1]$
		环保材料使用率	0.0372	$[0, \ 1]$
	资源指标	环保燃料使用率	0.0372	$[0, \ 1]$
	能源指标	能量总消耗	0.0625	$[2.02 \times 10^9, \ 4.16 \times 10^9]$
		单位货物运输能量消耗	0.0770	$[126.3, \ 195.1]$
经济属性	低碳经济指标	单位货物运输成本	0.0633	$[532.2, \ 728.5]$
		动态回收周期	0.0439	$[2.58, \ 7.76]$
		净现值指数	0.0306	$[0.26, \ 2.21]$
	燃料消耗经济指标	吨海里燃料消耗量	0.0827	$[4.76, \ 6.32]$
		载重量、航速、主机功率之比	0.0551	$[258.8, \ 339.7]$
	减排成本指标	MAC	0.0273	$[-2100, \ 600]$
技术属性	功能技术	结构优化系数	0.1071	$[0.188, \ 0.271]$
		耐波性	0.0613	$[32.8, \ 52.5]$
		操纵性	0.0468	$[611.7, \ 1438.9]$
	生产性能	建造工艺技术	0.0269	$[0, \ 1]$
		回收工艺技术	0.0269	$[0, \ 1]$

2.4.2 江海直达集装箱船绿色技术实例分析

以某江海直达集装箱船为例,假设优化后的江海直达集装箱船方案较原方案整体阻力性能优化 5%、全船钢材重量减少 7.5%、使用双燃料动力装置(LNG 占 50%),计算各技术单独使用后对船型方案的影响,以及分析综合使用后的效果(表 2.22)。表 2.23 为某江海直达集装箱船绿色度综合评价结果。

表 2.22　某江海直达集装箱船各绿色技术采用后效果分析

评价指标	原方案	水动力性能优化与表面减阻	结构轻量化	双燃料动力系统	综合优化方案
环境影响潜值	5.62×10^5	5.27×10^5	5.61×10^5	3.99×10^5	3.75×10^5
环境影响评估	27.37	25.43	26.68	21.75	19.70
EEDI 折减系数/%	20.21	25.37	21.76	29.86	35.62
EEOI 折减系数/%	29.98	34.24	31.22	38.39	43.10
能量总消耗/MJ	3.29×10^9	3.08×10^9	3.29×10^9	3.55×10^9	3.32×10^9
单位货物运输能量消耗 /(MJ/TEU)	142.89	133.71	142.59	154.08	143.96
单位货物运输成本/(元/t)	651.08	638.47	647.46	639.72	625.27
动态回收周期/年	4.34	3.93	4.00	4.45	3.82
净现值指数	1.01	1.19	1.15	0.97	1.24
吨海里燃料消耗量 /(g/(n mile·t))	5.58	5.18	5.44	5.58	5.05
载重量、航速、主机功率 之比/(t·kn/kW)	288.79	304.22	289.01	288.56	303.99
MAC	0.00	−453.00	−229.00	−477.9	−1087
结构优化系数	0.23	0.23	0.21	0.23	0.21
耐波性	47.24	47.24	47.24	47.24	47.24
操纵性	1008.30	1008.30	1008.30	1008.30	1008.30

表 2.23　某江海直达集装箱船绿色度综合评价结果

指标	原方案	水动力性能优化与表面减阻	结构轻量化	双燃料动力系统	优化方案
环境属性	0.191	0.222	0.195	0.214	0.247
经济属性	0.151	0.187	0.165	0.150	0.204
技术属性	0.170	0.170	0.192	0.161	0.192
综合绿色度	0.512	0.579	0.552	0.526	0.643

　　基于船舶绿色度综合评价方法,具体评定三项绿色技术在船型方案的使用效果,可以发现各技术的影响结果是相互耦合的,在组合使用时有理想的增益效果。

① 从环境属性来看，通过船舶自身阻力优化带来的环境属性增益十分明显，综合环境属性提升 15.8%。采用双燃料动力系统，虽然可以极大地减小环境影响潜值 I 和环境评估参数 C_E，但是从全生命周期的能量消耗方面来看，使用 LNG 作为主要燃料并不节能，该技术对方案的环境属性提升 12.1%，而结构轻量化方面，主要降低单位货物运输的碳排放量和能量消耗，环境属性提升 2.1%。综合运用各项绿色技术，船舶方案环境属性总体提升 29.1%。

② 从经济属性来看，使用三项船舶绿色技术分别带来 24.5%、9.5%、−0.05% 的变化。LNG 作为动力燃料，相较传统船用燃料价格较低。但由于油价持续走低，使用双燃料主机固定成本的增加，以及储罐带来的布置空间损失等情况，使用双燃料动力系统的整体经济效益并不理想。综合运用各项绿色技术，最终方案整体经济性提高 35.8%。

③ 从技术属性来看，由于船舶的快速性在环境与经济性能中均有体现，因此分析船舶方案变化时，并没作为考量指标，水动力性能优化与表面减阻对技术属性提升并不明显，结构轻量化设计较原方案属性提升 12.91%。双燃料动力系统由于自身布置的要求对货物布置和装载造成影响，其性能指标下降 5.16%。综合运用各项绿色技术，方案技术属性提升 12.9%。

使用船舶绿色度评价方法，对三项绿色节能减排技术进行分析，可以发现各项技术的单独运用对于船型方案的影响并不相同，技术综合运用的影响结果也不是简单的线性叠加。综合运用各项绿色技术，船舶绿色度综合指标较原方案提升 25.7%。通过建立船舶绿色度综合评价体系，在设计阶段能快速有效地分析出采用各技术对船型方案的减排效果、经济影响和技术增益的影响，为绿色技术的选择和适用性预估提供参考依据。

在分析各项技术对船舶绿色度的影响后，将优化的设计方案与长江优秀江海直达集装箱船"盛达和谐"进行比较。后者于 2013 年投入运营，是当时航行于武汉新港至洋山港间性能最优的江海直达集装箱船。江海直达集装箱船绿色度综合评价结果对比如表 2.24 所示。优化方案与"盛达和谐"号绿色度评价结果对比如图 2.11 所示。

表 2.24　江海直达集装箱船绿色度综合评价结果对比

指标	优化方案	"盛达和谐"号	提升对比/%
环境属性	0.247	0.192	28.51
经济属性	0.204	0.137	49.04
技术属性	0.192	0.183	4.78
综合绿色度	0.643	0.512	25.53

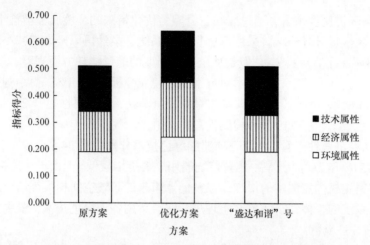

图 2.11 优化方案与"盛达和谐"号绿色度评价结果对比

通过船舶绿色度评价结果分析可以看出,优化的方案通过技术更新和减排措施的实施,可以有效地提高船舶绿色度。相较"盛达和谐"号,其综合指标提高25.53%,环境属性和经济属性分别提高 28.51%和 49.04%,凸显了设计方案在节能环保方面的优势。

2.5 本 章 小 结

本章通过对 LCA 理论的分析,建立针对船舶特征方案的全生命周期环境评价体系,并通过优化 LCA 方法,提出面向绿色技术的船舶环境评估方法;结合现有的船舶绿色度评价理论,提出基于 FAHP 的船舶绿色度计算方法。本章以江海直达集装箱船作为计算实例,分析水动力性能优化与表面减阻、结构轻量化设计、双燃料动力系统等绿色技术对船型方案的环境性能影响,并与实船实例进行比对,进一步验证该船舶绿色度定量分析的可靠性,为船舶绿色设计提供理论依据。

第3章　碳排放交易与江海直达船型低碳经济分析

3.1　国际航运业碳排放交易机制

3.1.1　国内外航运业碳排放现状

随着全球贸易的蓬勃发展，航运业给全球环境带来严重的影响。2007~2012年，航运业年均碳排放量为 10.15 亿 t，占全球排放总量的 3.1%，较 2002~2007年年均排放量增加 5.7%。其中，国际航运业年均碳排放量为 8.46 亿 t，内河航运业年均碳排放量 1.68 亿 t[7]。如果不采取任何相关减排措施，2050 年航运业 CO_2排放量将较 2007 年增加 1.5~2.5 倍[26]。IPCC 对 6 种特定排放情境下全球航运业碳排放预测如图 3.1 所示。其中，A1FI、A1B、A1T 为高经济发展情景，A2 为区域资源情景，B1 为全球可持续发展情景，B2 为区域可持续发展情景。

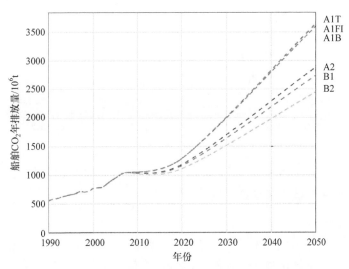

图 3.1　IPCC 对 6 种特定排放情境下全球航运业碳排放预测[27]

2001 年后，我国航运业进出口贸易总量呈现高速发展的态势，航运业加速发展带来的 CO_2 排放量在小幅波动中呈现出持续增长的趋势(图 3.2)。

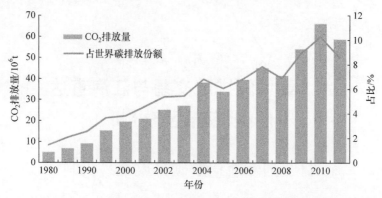

图 3.2　1980~2011 年我国航运业 CO_2 排放情况

因此，我国航运业的温室气体排放问题不容忽视，海上运输方式的单位货物运输的碳排放量和能量消耗与发达国家相比还存在差距，实现绿色节能海上运输是我国航运业急需解决的问题。《交通运输"十二五"发展规划》明确指出，2020年我国航运业需实现港口生产单位吞吐量能量消耗下降 8%，整体 CO_2 排放量下降 16%[26]。2012 年各主要国家和地区航运业燃料排放 CO_2 情况如图 3.3 所示。

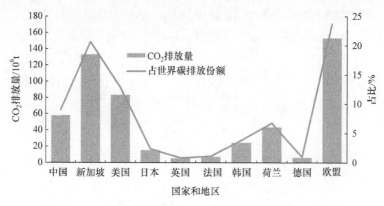

图 3.3　2012 年各主要国家和地区航运业燃料排放 CO_2 情况

3.1.2　航运业主要碳排放交易机制

(1) 碳减排

碳排放是全球温室气体排放的总称，一般讨论主体是 CO_2，有些国家在实施中也涉及甲烷、氮氧化物、硫氧化物等相关污染气体。碳减排主要针对 CO_2 的减排，可分为强制碳减排和自愿碳减排。强制碳减排是指具有法律约束力的碳减排责任，主要对发达国家设定强制碳减排任务。自愿碳减排是指未受到外部要求的个人或企业，为中和经营过程中产生的碳排放量，主动从碳减排市场购买碳排放权的行为。

(2) 碳排放交易机制

碳排放交易机制是为促进温室气体减排所采用的市场机制。它将 CO_2 排放权当作商品，通过市场交易的形式促进各企业的碳减排，根据不同行业的经济发展特点和环境实际需求来确定相应的碳排放定额。企业根据需求自由进行碳排放权的交易以达到经济效益最优化，实现企业自主碳减排。

(3) 碳税机制

碳税实质是一种庇护税，它对 CO_2 的排放总量不做限制，通过对各种燃料产品按不同的燃烧特性征税以减少化石燃料的消耗。其实质是一种基于价格调控的市场化环境政策工具。

目前，全球共有 20 多个碳减排市场平台。按照发展现状和相关研究来看，未来碳减排市场有望超过石油市场成为世界第一大交易市场。

目前正式纳入航运业谈判范畴的有以下七种机制。

① 船舶温室气体减排基金(Greenhouse Gas Reduction Fund，GHG FUND)。该基金机制最早由丹麦、尼日利亚等国提出，随着机制的不断完善，韩国、利比里亚等国先后加入该基金。该基金机制针对所有 400 总吨以上的国际船舶消耗的船用燃料收取碳税，征收的税费用于购买行业外碳排放量抵消行业内碳排放配额，以及研发相关船舶的革新技术。

② 港口征收排放费用(port state levy，PSL)。该机制由牙买加等国提出，针对船舶在具体航段的运营情况开征燃料附加税，直接向停靠港口国缴纳碳税。

③ 基金返还机制(rebate mechanism，RM)。该机制由国际自然基金会提出，主要是针对发展中国家航运业碳税机制的补充说明，机制原理与 GHG FUND 相似，实施环节包括船舶报告排放、向指定银行交纳碳税和港口国监督、船旗国发证。此外，针对发展中国家，根据其进口货物价值比例将无条件进行税金返还。

④ METS。目前采用 METS 的国家最多，主要有挪威、英国、法国等国。虽然各国机制有所区别，但大体机制思路相同，都是根据各类型船舶排放特性，以及历年数据，制定每年的碳排放配额，超出或未达到碳排放基线的碳排放权航商间可以自由交易支配。

⑤ 能效激励体系(efficiency incentive system，EIS)。该体系由日本的杠杆激励体系(leveraged incentive system，LIS)和船舶能效体系(vessel efficiency system，VES)整合而来。其机制主要思路是以 EEDI 作为强制能效基线，分别对新船和现役船设定相应的免征基线，对未达到标准的船舶根据不符合程度征收费用。征收的费用用于船舶能效提升技术的研发。

⑥ 航运能效信用交易(the ship efficiency and credit trading，SECT)。SECT 机制由美国提出，也是将 EEDI 作为机制执行的标准。这一点与 EIS 机制类似，机

制根据运营船舶的实际能效情况，低能效船舶必须向高能效船舶购买排放权，而高能效船舶可自由出售自身剩余碳排放权。

⑦ 巴哈马机制(Bahamas mechanism)。该机制明确指出，基于市场交易的碳减排机制会对全球航运业贸易造成破坏，因此主张采取自愿碳减排与强制碳减排相结合的方式。根据具体船型和运营情况，制定合理的碳排放基线值，新船实行25%的减排目标，运营船舶实行 20%的减排目标，并按船舶使用年限适当折减，在船舶执行年限督促船舶技术的革新。

各市场机制特征比较如表 3.1 所示。

表 3.1　各市场机制特征比较

市场机制	作用依据	排放上限	收费	行业外减排	市场效果
GHG FUND	燃料+碳税	×	√	√	弱
RM	燃料+碳税	×	√	√	弱
PSL	燃料+碳税	×	√	×	未提及
METS	燃料+交易	√	√	√	强
EIS	能效+碳税	×	√	×	弱
SECT	能效+交易	×	×	×	弱
巴哈马机制	能效	×	×	×	弱

3.1.3　GHG FUND 与 METS 比较分析

目前航运业最具潜力的减排市场机制是 GHG FUND 与 METS。项目结合MAC、对偶分析的方法分析这两大机制的运行原理。

(1) GHG FUND

GHG FUND 是最早提出的市场方案之一，目前已完成由初步设计草案向公约形式的转变。其主要思路是针对船用燃料开征碳税，税率则根据减排目标、排放量预测值，以及清洁发展机制的碳排放配额价格确定。国际航运业碳税征收情景如表 3.2 所示。税收资金主要用于购买行业外碳排放配额、市场管理运营支出，以及 IMO 技术研发。

表 3.2　国际航运业碳税征收情景

情景名称	情景设定
征税环节	消耗环节
征税范围	所有 400 总吨及以上的国际航行船舶

续表

情景名称	情景设定
计税依据	采用 CO_2 排放量作为计税依据
CO_2 排放量	燃料消耗估算法
税率	从量计征方式，采用定额税率形式
税费返还	用于支持发展中国家的减排项目与技术研发

目前航运业碳税的确定主要受清洁发展机制(clean development mechanism, CDM)的碳排放配额价格影响与其他行业的影响，这些因素造成 GHG FUND 在实施过程中减排效力和对航运业影响的不确定性[28]。

(2) METS

METS 是航运业中发展最为完备的市场机制，其运行模式如图3.4所示。METS 制定的主要思路如下。

① 设定航运业各船型目标期排放上限，按照各船舶上报的历史数据，由相关组织部门分配一定的免费碳排放配额给各船舶或航商。

② 每艘船舶根据往年自身运营情况，如果当年碳排放配额无法满足自身运营所需，航商可以购买同行业其他船舶的碳排放配额或是行业外的碳排放配额来完成当年的减排目标。

③ 船旗国通过认证组织(如船级社)核实船舶的排放和交易情况。港口国对进入其港口的悬挂外国旗的船舶检查其记录簿和碳排放配额方面的证明文件。

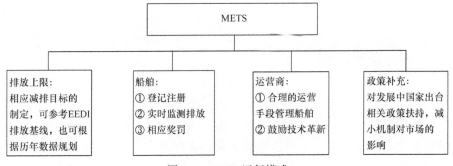

图 3.4　METS 运行模式

(3) 市场机制比较分析

在理想的情境下，各船运公司信息公开，则市场交易趋于理性，碳税和碳排放交易机制效果相同[29]。航商总利润 NSB 可表示为

$$NSB = PQ - C(Q) - EC(Q) \tag{3-1}$$

式中，P 为船舶货运单价；Q 为货物总量；$C(Q)$ 和 EC(Q) 分别为货运成本和碳减排成本。

为保证 NSB 最大化，则有

$$\frac{\partial \text{NSB}}{\partial Q} = P - \frac{\partial C}{\partial Q} - \frac{\partial \text{EC}}{\partial Q} = 0 \tag{3-2}$$

净效益 NPB(价格收益减去边际私人成本)、碳税 t 存在如下关系式，即

$$\begin{cases} \dfrac{\partial \text{NPB}}{\partial Q} = P - \dfrac{\partial C}{\partial Q} = \dfrac{\partial \text{EC}}{\partial Q} \\[3mm] t = \dfrac{\partial \text{NPB}}{\partial Q} = \dfrac{\partial \text{EC}}{\partial Q} \end{cases} \tag{3-3}$$

如图 3.5 所示，在理想情境下，对 t^* 点收取碳税与在 Q^* 点实行碳排放交易总量的控制，这两种市场方法达到的效果相同。此时，E^* 点边际效益和 MAC 相等，行业内总效益达到最大。其中，MAC 表示边际减排成本曲线，MSB 表示边际效益曲线。

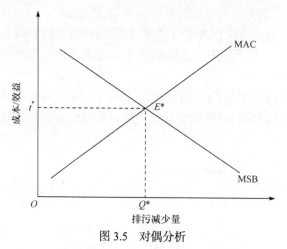

图 3.5　对偶分析

实际情况往往更复杂，各航商之间排污减排信息不对称，碳减排成本、收益难以量化等一系列不确定因素增加了分析碳排放交易机制适用性的难度。选取 q 为碳减排量，$B(q)$ 和 $C(q)$ 为碳排放收益和成本函数，在完美条件下存在 $t^* = P^* = B'(q^*) = C'(q^*)$；在不确定条件下，目标函数表达为 Max$B(q, \eta) = C(q, \theta)$，其中 η 和 θ 为收益和成本的随机扰动项，体现在船舶固定成本和运营方式变化带来的碳减排成本变化。比较基于数量机制的目标函数 $B(\tilde{q}(\theta), \eta) - C(\tilde{q}(\theta), \eta)$ 和基于价格机制的目标函数 $B(\hat{q}, \eta) - C(\hat{q}, \eta)$ 的差值 Δ 来比较两种机制的适用性，即

$$\Delta = E(B(q(\theta), \eta) - C(q(\theta), \theta) - B(q, \eta) - C(q, \theta)) \tag{3-4}$$

根据相应推导可得

$$\Delta = \frac{\sigma^2 B''}{2C''^2} + \frac{\sigma^2}{C''} = \frac{\sigma^2 (B'' + C'')}{2C''^2} \tag{3-5}$$

式中，σ 为减排成本函数 $C(q)$ 的扰动项；B'' 和 C'' 为收益函数和成本函数的斜率。

成本与收益曲线如图 3.6 所示。

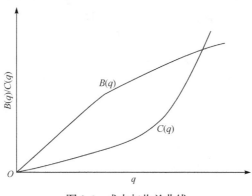

图 3.6　成本与收益曲线

对于航运业，若碳减排边际收益曲线斜率 $|B''|$ 小于 MAC 曲线斜率 $|C''|$，则 $\Delta > 0$，GHG FUND 优于 METS；反之，METS 优于 GHG FUND。2010 年，IMO 关于 METS 的预测评估报告显示，未来 METS 刺激航商自主减排效果会更明显。尽管两机制从市场直接刺激减排或后期交易带来的减排效果相差不大，但是随着船舶技术不断更新，航商通过合理利用 METS，可以有效带来减排剩余收入，进一步刺激航运业的减排。GHG FUND 和 METS 减排效果比较[30]如表 3.3 所示。

表 3.3　GHG FUND 和 METS 减排效果比较

减排途径	市场机制		
	GHG FUND	METS	
		挪威、法国	英国
基于燃料消耗量的市场直接减排量/10⁶t	1~31	27~114	27~114
交易购买行业外碳信用/10⁶t	0	90~539	90~539
基金购买行业外碳信用/10⁶t	152~584	0	0
剩余收入/10 亿美元	4~14	28~87	0
利用剩余收入购买行业外补充减排量/10⁶t	104~143	696~870	0

　　根据 IMO 对未来船舶在面对减排机制碳排放量走势的预测[31]，以及挪威船级社对各船型碳减排 MAC 的分析[30]，短期内航运业碳减排边际收益曲线斜率小于 MAC 曲线斜率，表明近几年 GHG FUND 产生的经济效益损失要小于 METS 产生的经济效益。因此，短期面对减排压力，在 METS 的碳减排要求刺激下，航商会选择牺牲碳减排来减少经济效益的损失。从长期发展来看，航运业碳减排边际收益曲线斜率小于 MAC 曲线的斜率，未来 METS 能更好地控制航运业的减排工作。图 3.7 和图 3.8 很好地反映了 GHG FUND 和 METS 对未来航运业碳减排力度预测。图中 BAU(business as usual)表示不加以任何控制减排情景，EEDI 表示受 EEDI 能效指数强制碳减排情景，MBM 表示在不同市场机制影响减排情景，NET Emissions 表示理想排放情景(零排放)。

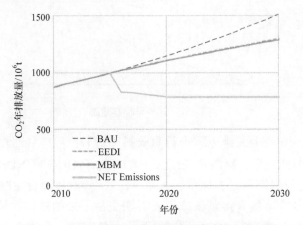

图 3.7　GHG FUND 对未来航运业碳减排力度预测

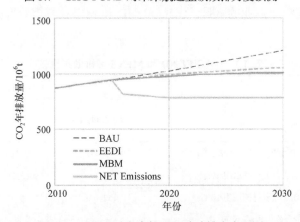

图 3.8　METS 对未来航运业碳减排力度预测

　　2015～2020 年，GHG FUND 对整体航运业的碳减排力度优于 METS。由于船舶技术革新还在初级阶段，对应的碳 MAC 较高，船舶更倾向于牺牲碳减排换取更高的利润。此时，基于价格的机制减排效果好于基于数量的减排机制。随着技术的进步，船舶设计更为绿色化，此时 METS 更灵活，航商可以通过减排创造更多的碳收益。因此，长远来看，METS 比 GHG FUND 更具减排潜能。在未来实施过程中，其主要优势体现在以下两点。

① 没有地域、政治性约束，效果更广泛。

碳税属于税收，在讨论该机制时需考虑其行政主体。航运业作为一个国际性强的行业，船舶在完成航行时会经过多个国家地区，因此，在某一公共海域碳排放量的界定是碳税实施的重要阻碍。同时，如何使用碳税基金，优先治理何地的航运业温室气体污染，也是影响航运业碳税机制实施的重要因素。比较而言，METS 在减排治理和监管上更具潜力。

② 充分发挥市场作用，更具行业特点。

METS 的有效运行需要 IMO 对不同船舶设定相关的碳排放基线，再依据相应分配方法，将碳排放配额分配到各航商。MEPC 近几年完善了 EEDI、EEOI 等不同船型碳排放基线法规与法则，也为 METS 实施提供了可靠的参考依据。航商购买或出售的碳排放量直接源于航运业交易市场，其价格更多是由航运业本身市场的供求关系决定的。

3.2　国际航运业碳排放交易机制对主要船型的影响

3.2.1　碳排放基线设定

航运业碳排放基线的设定直接决定航商的减排负担，是 METS 实施中需要确定的一个关键。目前航运业碳排放基线的确定主要从两个方面出发：一方面是基于碳减排的全球公平性原则，结合其他行业的排放设定，遵循航运业应承担相同的 MAC 来确定航海业各年的减排潜能，以此来限定基准年各类船舶的碳排放基线或配额；另一方面是根据各类船舶的运营情况，参考往年运营情况或者设计参数制定相应的减排计划和减排目标。国际航运业温室气体排放基线的确定如图 3.9 所示。

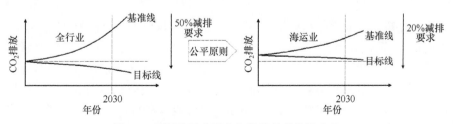

图 3.9　国际航运业温室气体排放基线的确定

前者更多地从整个行业的角度出发，虽然与其他行业有更好的结合，但是未来经济增长速度、船舶规模经济的变化都会影响其碳排放基线的估算，增加 METS 实施的不确定性。后者虽然会增加行业局限性，但是很好地结合了航运业特点，针对特定船舶较为准确公平地给出相应的减排目标，让 METS 实施更为透明。

本书对碳排放基线的设定主要借鉴 EEDI 设计指数。2023 年 7 月，IMO MEPC 第 80 届会议将 400 总吨及以上的新船 EEDI 正式纳入船舶设计强制实施项目。EEDI 计算方法为

$$
\mathrm{EEDI}_{\mathrm{Attained}} = \frac{\left(\prod_{j=1}^{n} f_j\right)\left(\sum_{i=1}^{n\mathrm{ME}} P_{\mathrm{ME}(i)} C_{\mathrm{FME}(i)} \mathrm{SFC}_{\mathrm{ME}(i)}\right) + \left(P_{\mathrm{AE}} C_{\mathrm{FAE}} \mathrm{SFC}_{\mathrm{AE}}\right)}{f_i f_c \mathrm{capacity} V_{\mathrm{ref}} f_w}
$$
$$
+ \frac{\left[\left(\prod_{j=1}^{n} f_j \sum_{i=1}^{n\mathrm{PTI}} P_{\mathrm{PTI}(i)} - \sum_{i=1}^{n\mathrm{eff}} f_{\mathrm{eff}(i)} P_{\mathrm{AEeff}(i)}\right) C_{\mathrm{FAE}} \mathrm{SFC}_{\mathrm{AE}}\right] - \left(\sum_{i=1}^{n\mathrm{eff}} f_{\mathrm{eff}(i)} P_{\mathrm{eff}(i)} C_{\mathrm{FME}} \mathrm{SFC}_{\mathrm{ME}}\right)}{f_i f_c \mathrm{capacity} V_{\mathrm{ref}} f_w}
$$

$$(3\text{-}6)$$

式中，f_i 为用于补偿船舶特殊设计因素的修正系数，主要针对冰区船舶及穿梭油船；f_i 为载重量修正系数，主要针对冰区船舶、自愿结构加强船舶，以及采用共同结构规范的船舶；f_c 为舱容量修正系数，主要针对化学品船，以及气体运输船；f_w 为船舶在波高、浪频和风速的代表性海况下的航速降低无量纲系数。

对于不同船舶类型给出不同能效要求，碳排放基线计算方式为

$$
\mathrm{EEDI}_{\mathrm{required}} = a\,\mathrm{capacity}^{-c}
$$

$$(3\text{-}7)$$

式中，a 和 c 是由统计得出系数。

在 EEDI 的发展过程中，各种盈利型船型的 EEDI 公式基本原理相同，均由式(3-6)衍生而来，表征不同船型单位载重量单位航速的碳排放值。因此，对于具体运营船舶可根据其运营情况反推基准年限定排放总量。具体船型的单位排放量限定可表示为

$$
\tilde{e}_0 = f_i f_c V_{\mathrm{ref}} f_w a \mathrm{DWT}^{1-c} = a f V_{\mathrm{ref}} \mathrm{DWT}^{1-c}
$$

$$(3\text{-}8)$$

在此基础上，假定燃料价格为 600 美元/t，碳排放配额价格为 30 美元/t，减排强度(折减系数)控制在 20%，定量分析 METS 对三大主力船型航行成本的影响(图 3.10)。计算结果显示，对于三大主力船型，集装箱船所受的影响最大，对于不同货运级别的集装箱船会增加 6.59%~9.57%的航行成本，对于散货船，以及油船影响较小，分别增加 5.44%~6.34%，以及 4.69%~6.28%。随着燃料价格波动，未来减排要求不断提高，碳排放配额价格增加，METS 对船舶航行成本的

影响会进一步增加。这需要航商和设计者从技术运营的角度进一步提高船舶能效，在减少 CO_2 排放的同时，提高船舶的经济竞争力。

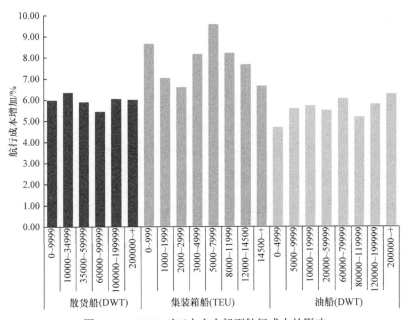

图 3.10　METS 对三大主力船型航行成本的影响

3.2.2　边际减排成本计算模型

结合 MAC 原理，航运业提出 CATCH 评价指标，CATCH=50 美元/t 是采取减排措施的分界点，可以有效衡量各减排技术使用的经济性。其中对各绿色技术 MAC 的计算方法为

$$MAC(A) = (\Delta C(A) - \Delta B(A)) / \Delta CO_2(A) \tag{3-9}$$

式中，$\Delta C(A)$ 为采用措施 A 增加的固定成本；$\Delta B(A)$ 为采用措施 A 节省的燃料费用；$\Delta CO_2(A)$ 为采取措施 A 后 CO_2 的减排量。

2009 年，挪威船级社在对常用船舶减排措施适用性分析的基础上，进一步对不同船型的减排潜能，以及不同减排效果的 MAC 进行计算。从研究结果来看，不同船型技术进步的复杂性、船用燃料价格的波动、资金利率等一系列不确定性因素都会影响 MAC 的计算，对于不同国家地区、时间、不同船型的 MAC 存在明显差异。如图 3.11 所示，不同船型在 2030 年均具备达到减排 30%以上的潜能。相对而言，客船减排潜能较小，主要原因是该船型在减速航行方面有明显的局限性。各减排措施中减速航行带来的减排效果最为高效而且经济，因此该船型的 MAC 曲线显示未来客运船的减排潜能较小，而减排 MAC 较高。

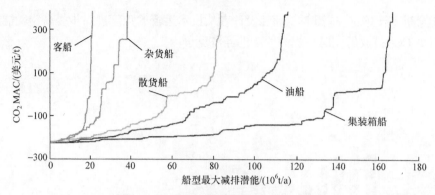

图 3.11　2030 年不同船型的 MAC 曲线

3.2.3　航商碳排放交易机制减排措施决策模型

根据对航运业减排措施的 MAC 及碳排放基线的分析，针对单个航商在 METS 下船舶设计运营建立技术决策模型。并假设不考虑个人对碳减排产品的自身喜好，将碳减排投入成本平均到单位货物运输量上，同进碳排放配额价格源于碳排放交易市场。

由于 METS 的影响，参考 MAC 排放成本的计算原理和挪威船级社的相关研究，可假设单位货物运输碳减排投入 $f(x) = \lambda x^2$，则航商整体收益模型可表示为

$$\pi = (P - C - \lambda x^2)Q + P_C Q(x - e_0) \tag{3-10}$$

航商整体收益函数相关变量与参数说明如表 3.4 所示。

表 3.4　相关变量与参数说明

变量与参数	说明
C	单位货物运输成本
P	单位货物运输价格
Q	年运量
e_0	单位货物运输的强制碳减排量
x	实际碳减排量
$f(x)$	单位货物运输的碳减排量为 x 时的减排投入
Q_C	碳排放交易量 $Q_C = Q(x - e_0)$
P_C	METS 单位排放价格

(1) 碳排放交易价格固定的收益模型

假设航商控制船舶年运量会对运输价格造成影响，根据相关研究，供需函数可表示为 $Q = a - bP$，其中，a 表示当价格 $P = 0$ 时的需求量，也就是需求曲线在纵轴上的截距；$-b$ 表示需求量对价格变化的敏感程度，价格每上升 1 单位，需求

量就会减少 b 单位。它们的值取决于航运市场的具体情况，如船舶的供给量、货物的需求量、航线特点、政策环境等。设碳排放交易初始价格为 P_C^0，则该情况下的收益模型可表示为

$$\pi_1 = \left(\frac{a-Q}{b} - C - \lambda x^2\right)Q + P_C^0 Q(x - e_0) \tag{3-11}$$

为追求利益最大化，存在 $\mathrm{d}\pi_1/\mathrm{d}x = 0$，可得此机制刺激下的最佳单位货物运输碳减排量 $x^* = P_C^0/2\lambda$，单位货物运输碳减排量 x^* 只与碳排放交易价格和自身减排技术水平有关。若 $f(e_0) = P_C^0$，则在 METS 刺激下，航商的最佳单位货物运输碳减排量 x^* 与碳减排初始基线 e_0 相同。

(2)碳排放交易价格波动情形下的收益模型

在此情境下，各航商的碳排放交易情况会带来碳价的波动。碳排放交易市场与其他产品市场存在共性，因此存在 $P_C = P_C^0 - \beta Q_C$。该情形下的航商收益模型可表示为

$$\pi_2 = \left(\frac{a-Q}{b} - C - \lambda x^2\right)Q + \left[P_C^0 - \beta Q(x - e_0)\right]Q(x - e_0) \tag{3-12}$$

分析该模型可得，在 METS 刺激下的航商最佳单位货物运输碳减排量 x^* 为

$$x^* = \frac{P_C^0 + 2\beta Q e_0}{2\beta Q + 2\lambda} = e_0\left(1 + \frac{P_C^0/e_0 - 2\lambda}{2\beta Q + 2\lambda}\right) \tag{3-13}$$

此时，单位货物运输碳减排量 x^* 受碳排放交易价格 P_C^0、碳排放基线 e_0、行业减排技术水平 λ、碳价变化系数 β，以及航商运营量 Q 的影响，分别对 β 和 Q 求导可得

$$\begin{cases} \dfrac{\mathrm{d}x^*}{\mathrm{d}Q} = \dfrac{\beta(2\lambda e_0 - P_C^0)}{2(\beta Q + 2\lambda)^2} \\[3mm] \dfrac{\mathrm{d}x^*}{\mathrm{d}\beta} = \dfrac{Q(2\lambda e_0 - P_C^0)}{2(\beta Q + \lambda)^2} \end{cases} \tag{3-14}$$

① 当 $2\lambda e_0 - P_C^0 = 0$ 时，$\mathrm{d}x^*/\mathrm{d}Q = 0$、$\mathrm{d}x^*/\mathrm{d}\beta = 0$，单位货物运输碳减排量为 $x^* = e_0$，航商的运营情况，以及碳价变化系数 β 不会对碳减排量产生影响。

② 当 $2\lambda e_0 - P_C^0 < 0$ 时，$\mathrm{d}x^*/\mathrm{d}Q < 0$、$\mathrm{d}x^*/\mathrm{d}\beta < 0$，单位货物运输碳减排量 x^* 满足 $e_0 < x^* < P_C^0/2\lambda$。这说明，当船舶性能较高时，船企不仅能通过技术更新完成减排目标，还能通过技术投入获取额外的碳排放权，以便在碳排放交易市场进行交易并获利。通过提升自身减排技术水平提供多余的碳排放配额量也会导致碳排放交易价格下降，因此，最佳单位货物运输碳减排量恒小于 $P_C^0/2\lambda$。航商最

佳单位货物运输碳减排量 x^* 随着运货量 Q、碳价变化系数 β 的增加而减少。

③ 当 $2\lambda e_0 - P_C^0 > 0$ 时，$\mathrm{d}x^* / \mathrm{d}Q > 0$、$\mathrm{d}x^* / \mathrm{d}\beta > 0$，单位货物运输碳减排量 x^* 满足 $P_C^0 / 2\lambda e_0 < x^* < e_0$。这说明，船舶减排技术水平较低时，航商会选择减少技术投入，交付未达到强制碳排放基线的碳排放费来达到最佳效益。此时，航商最佳单位货物运输碳减排量 x^* 随着年运量 Q 与碳价变化系数 β 的增加而增加。年运量 Q 与减排技术水平系数 λ、最佳单位货物运输碳减排量 x^* 的关系如表 3.5 所示。

表 3.5　年运量 Q 与减排技术水平系数 λ、最佳单位货物运输碳减排量 x^* 的关系

Q/t	x^*							
	碳排放交易价格固定				碳排放交易价格波动			
	$\lambda= 0.1$	$\lambda= 0.5$	$\lambda= 1$	$\lambda= 1.5$	$\lambda= 0.1$	$\lambda= 0.5$	$\lambda= 1$	$\lambda= 1.5$
1000	50	10	5	3.33	10.40	10	9.55	9.13
5000	50	10	5	3.33	10.08	10	9.90	9.80
10000	50	10	5	3.33	10.04	10	9.95	9.9

为了更直接地反映上述模型的分析结果，假定航运业供需函数 $Q = 10000 - 0.1P$、单位货物运输成本为 $C = 100$ 元/t、碳排放配额初始价格为 $P_C^0 = 20$ 元/t、单位货物运输强制碳减排量为 $e_0 = 10$、碳排放交易市场供需函数为 $P_C = 20 - 0.01Q_C$ 元/t。变化减排技术水平系数 λ，以及年运量 Q 等参数可以得到图 3.12 和图 3.13。

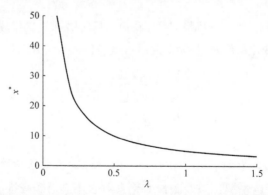

图 3.12　碳排放配额价格固定时减排技术水平系数 λ 与最佳单位货物运输碳减排量 x^* 的关系

由此可知，当碳排放配额价格固定时，x^* 只与 λ 有关。随着 λ 减少，即技术水平提高 x^* 逐步下降。当碳排放配额价格波动时，$\lambda < 0.5$，x^* 随着 Q 的增加而减少，且大于单位货物运输强制碳减排量 $e_0 = 10$；当 $\lambda > 0.5$ 时，x^* 随着 Q 的增加而增加，但不会大于强制碳减排量 $e_0 = 10$；当 $\lambda = 0.5$ 时，x^* 始终等于强制碳减排量 e_0。

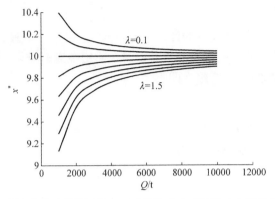

图 3.13　碳排放配额价格波动时货物运量 Q、减排技术水平系数 λ 与最佳单位货物运输碳减排量 x^* 的关系

3.3　传统船舶经济分析

3.3.1　经济成本构成

船舶经济成本主要由航行成本与固定成本构成[32]。

(1) 航行成本

航行成本是船舶经济成本的重要组成部分，其中燃料费占主要部分。船舶航行时，主辅机、锅炉均要消耗燃料；停泊时，辅机提供相关活动。润料费按照主辅机与锅炉的润滑油、气缸消耗率细算，一般按照燃料费百分比进行折减。日燃料消耗量计算公式为

$$G = [(g_e P_s + g_1 P_1 + g_2)t_1 + g_1 P_1 t_2] \times 10^{-6} \tag{3-15}$$

式中，P_s 为航行时船舶主机功率(kW)；g_e 为主机燃料消耗率(g/(kW·h))；P_1 为航行时船舶辅机功率(kW)；g_1 为辅机(主要指发电机组)燃料消耗率(g/(kW·h))；g_2 为锅炉燃料消耗率(g/(kW·h))；t_1 和 t_2 为航行时间和停泊时间。

对于混合燃料船型方案，如 LNG 与 MDO 混合推进动力系统，有

$$F_F = (1 - \xi)GP_{\text{LNG}} + \xi GP_{\text{MDO}} \tag{3-16}$$

式中，ξ 为主机消耗 LNG 占总燃料消耗量百分比；P_{LNG} 和 P_{MDO} 为 LNG 和 MDO 价格。

港口费是航行成本的重要组成部分，与船舶实际货运情况有关，即

$$F_h = \sum_{i=1}^{m} C_{pi} W_i \tag{3-17}$$

式中，W_i 为单船吨位；C_{pi} 为港口费率；m 为航次。

(2) 固定成本

船舶经济分析中固定成本的计算十分关键，主要包括船舶折旧费、维修费等。

① 折旧费是为补偿船舶本身及其设备在使用中逐渐老化、价值逐年下降带来的损耗，每年折算的一项费用，即

$$F_D = PR_D \tag{3-18}$$

式中，P 为船价；R_D 为折旧率，取决于折旧方式与年限。

② 修理费是维持船舶状态对其定期保养的费用，在经济论证中保证各方案之间具有可比性，一般按照船价费用的比率计算，即

$$F_R = PX_R \tag{3-19}$$

式中，X_R 为修理费提存费率。

③ 保险费是航商为船舶购买保险的费用，其高低取决于船舶的新旧、大小、航区条件等因素，对于长江内河船舶一般取船价的 0.4%～1.0%，即

$$F_I = PX_I \tag{3-20}$$

式中，X_I 为保险费率。

④ 船员费用 F_C 为船上工作的船员发生的各项费用，一般参照各年度同类型船的船员工资进行估算，即

$$F_C = F_S n \tag{3-21}$$

式中，F_S 为船员年工资；n 为船员人数。

一般船舶经济数学模型根据船舶类型的不同和用途的差异有所不同。例如，普通客货船主要根据年利润衡量船舶的经济性优劣；针对打捞船或者破冰船等特殊功能船舶，根据任务实现所需的经济成本建立评价其经济性的数学模型。针对长江干线江海直达船型以及长江内河货运情况建立数学模型，则该类船型的年收益函数可表示为

$$W = Pq_i - (\underbrace{F_F + F_h}_{F_{Fi}} + \underbrace{F_D + F_I + F_R + F_C}_{F_{Ci}})T_i \tag{3-22}$$

式中，P 为特定航段单位货物运输价格；q_i 为根据市场供需要求预估的年运输总量；F_{Fi} 为单航次航行成本；F_{Ci} 为单航次固定成本消耗；T_i 为年航次。

3.3.2　燃料消耗量计算模型

在经济成本构成中，燃料费用是重要组成部分。在不同航次或同一航次的不同航段，船舶的工作状态均会发生变化。各种工作状态下主机的负载不同，单位航距燃料消耗量变化较大，对应航次的总燃料消耗量也有很大区别。因此，在船型分析中用单位航距或者单位时间燃料消耗作为比较函数，结果更直观。船舶主

机在单位时间的总功率为

$$P_s = \frac{P_E}{\eta_D\eta_S} = \frac{R_TV}{75\eta_D\eta_S} = \frac{0.5\rho SV^2[C_{TS}]_A V}{75\eta_D\eta_S} = \frac{[C_{TS}]_A\rho S}{150\eta_D\eta_S}V^3 = \lambda V^3 \tag{3-23}$$

式中，P_E 为船舶主机有效功率(hp, 1hp=745.7W)；R_T 为船舶总阻力(kgf)；V 为船舶航速(kn)；$[C_{TS}]_A$ 为船舶总阻力系数；ρ 为水密度(t/m³)；S 为船体湿表面积(m²)；η_D 为推进效率；η_S 为轴系传送效率。

船舶单航次主辅机燃料消耗量可以表示为

$$G_{ij} = (S_j\lambda_jg_jV_i^2 + S_j/V_i \times P_{AE}g_{AE})/10^6 \tag{3-24}$$

式中，G_{ij} 为船舶 i 航段 j 主机燃料消耗量(t/航次)；g_j 为主机燃料消耗率(g/(kW·h))，与主机额定燃料消耗率与负载相关；S_j 为船舶航距(n mile)；P_{AE} 为辅机功率，主要与船型有关，与航速无直接关系；g_{AE} 为辅机燃料消耗率(g/(kW·h))。

单位时间燃料消耗量与航速关系曲线如图 3.14 所示。其中，U 为水流速度(上水取–，下水取+)，V 为船舶相对水航速，V_1 为船舶相对地航速。因此，在集装箱、散货等运输类船舶的经济性分析中，需要着重关注航速的影响。

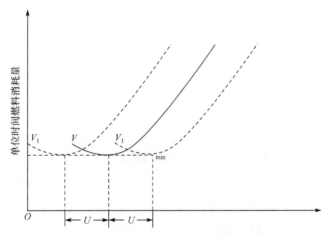

图 3.14 单位时间燃料消耗量与航速关系曲线

3.4 船舶低碳经济收益模型

3.4.1 国际航运业碳排放交易机制的原理简化

由 METS 的原理分析可知，METS 存在两种交易模式：一种是在航商之间进行交易，即 Close ETS；另一种是多余的碳排放配额与其他行业进行交易，即 Open ETS[33]。两种方式均能很好地促进碳减排的实施，后者可以提高 METS 的灵活性，但也更为复杂。由于各行业的碳排放配额价格有所区别，因此，会带来碳排放交易价格博弈的问题。对 METS 进行简化，只考虑在本行业进行碳排放交易，不考虑个人对碳减排产品的自身喜好，以及航商之间的博弈问题，就能更好地分析 METS 对船舶本身的影响。METS 操作流程如图 3.15 所示。

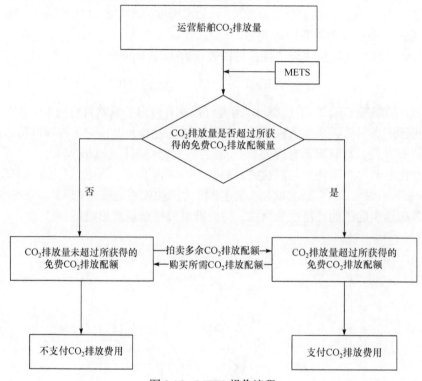

图 3.15　METS 操作流程

　　本节对具体船型在已设定的碳排放配额下进行分配。由于免费碳排放配额量与拍卖量的比例直接决定航商面临的减排负担和 METS 的减排效果，因此，这一比例(折减系数 θ)十分关键。结合 EEDI 未来各年的减排目标，可以预测多个可能的免费碳排放配额量与拍卖量的比例(折减系数 θ)。METS 情景分析如表 3.6 所示。

表 3.6　METS 情景分析

责任主体	交易标的	免费碳排放配额比例	拍卖碳排放配额比例	情景
		0.9	0.1	A(2015 年)
航商	CO_2	0.8	0.2	B(2020 年)
		0.7	0.3	C(2025 年)

3.4.2　基于碳排放交易的船舶低碳经济收益模型

简化的 METS 只考虑运输公司与其他船只、船队运营商进行碳排放交易。其碳排放配额价格 χ 受其他行业的影响较小。燃料消耗与气体排放存在正比关系，METS 在某种意义上是对于超排部分进行附加税收。基于碳排放交易的船舶低碳收益模型为

$$W = Pq_i - (D\eta\lambda gV_i^3 + F_h + F_{Ci})\frac{q_iS}{U_iV_iD} - \chi\left(C_{\text{factor}}D\lambda_i gV_i^3\frac{q_iS}{U_iV_iD} - \theta\tilde{E}\right) \tag{3-25}$$

式中，$\tilde{E}$ 为针对不同船型的碳排放基线要求；θ 为减排折减系数，随船型及阶段的不同要求而不同；χ 为碳交易价格(元/t)；S 为航距(n mile)；D 为年运营(d)；U_i 为船舶运载能力(TEU)；η 为燃料价格(元/t)；λ_i 为船舶能源消耗效率，主要与船舶水动力性能相关，λ_i 越小，表明船舶在相同速度单位航距所消耗的燃料越少，船舶阻力性能越佳；F_h 为船舶集装箱装卸费用，以及港口费用，其与船舶载货量 U_i 正相关，可近似表示为 KU_i；F_{Ci} 为船舶年折旧费、维修费、保险费，以及船员费用组成的固定成本 F_{Ci}，主要与船价相关；P 为某航线单位货物运输价格与该船型年运输 q_i 的关系，即

$$P = a - b\sum_{i=1}^{N}q_i \tag{3-26}$$

式中，a、b 与航线货源、航商的年运营情况相关。

为了反映市场与行业之间关系，引入经济参数 $\nu_i = \sum_{j\neq i}^{N}\partial q_j / \partial q_i \ (-1 \leqslant \nu_i \leqslant N-1)$。

该参数反映市场的竞争强度，其值越小，市场竞争越大。当 $\nu_i = -1$ 时，市场呈现古诺竞争；当 $\nu_i = 0$ 时，市场呈现伯川德竞争；当 $\nu_i = N-1$ 时，市场呈现共谋竞争。各公司通过合作行为以求利润最大化。该经济收益模型可表示为

$$W = \left(a - b\sum_{i=1}^{N}q_i\right)q_i - \left(D\eta\lambda_i gV_i^3 + \frac{KU_iDV_i}{S} + F_{Ci}\right)\frac{q_iS}{U_iV_iD}$$
$$- \chi\left(C_{\text{factor}}\lambda_i gV_i^2\frac{q_iS}{U_i} - \theta\tilde{E}\right) \tag{3-27}$$

3.4.3　传统经济收益模型与低碳经济收益模型对比分析

在传统船舶经济收益模型和基于碳排放交易的船舶低碳经济收益模型下，参考经济航速中相对经济航速的计算思路，若追求整体收益最佳，航商会自主选择降速来增加经济效益、减少排放[33]。下面对比分析两个模型下船舶经济航速、碳

减排量、碳排放量、最佳年运量的区别。

(1) 传统船舶经济收益模型

通过优化运营船速和合理的载货量追求最佳的运营效益，则优化目标函数可表示为

$$\text{Max}_{q_i, V_i} \overline{W}_i = P \cdot q_i - (F_{Fi} + F_{Ci}) \frac{q_i S}{U_i V_i D} \tag{3-28}$$

对船舶年运营量 q_i、航行速度 V_i 进行一阶求导可得相应变量二阶偏导在实际约束条件下均为负值，则各变量满足一阶必要条件，即

$$\begin{cases} \dfrac{\partial W}{\partial q_i} = a - 2bq_i - b\sum_{j \neq i}^{N} q_i - bq_i \sum_{j \neq i}^{N} \dfrac{\partial q_j}{\partial q_i} - \dfrac{S}{U_i V_i D}\left(D\eta\lambda_i g V_i^3 + \dfrac{KU_i D V_i}{S} + F_{Ci}\right) \\ \qquad = 0 \\ \dfrac{\partial W}{\partial V_i} = \dfrac{q_i S}{U_i D}\left(-2D\eta\lambda_i g V_i + \dfrac{F_{Ci}}{V_i^2}\right) = 0 \end{cases} \tag{3-29}$$

根据式(3-15)可得对应的经济航速 $\overline{V}$ 和最佳年运量 $\overline{q}$，即

$$\begin{cases} \overline{V} = \sqrt[3]{\dfrac{F_{Ci}}{2D\eta\lambda_i g}} \\ \overline{q} = \dfrac{2U_i D(P - K) - 3S\sqrt[3]{2D\eta\lambda_i g F_{Ci}^{~2}}}{2U_i D b(1 + v_i)} \end{cases} \tag{3-30}$$

在传统船舶经济收益模型下，不考虑班期、时间等限制，由式(3-30)可知，经济航速 $\overline{V}$ 主要受船舶固定成本 F_{Ci}、燃料价格 η、船舶阻力效率 λ，以及运营天数 D 的影响。若 F_{Ci} 越小、水动力性能越差(船舶阻力效率 λ 越大)，燃料价格 η 越高，则经济航速 $\overline{V}$ 越小。最佳年运营量 $\overline{q}$ 与市场条件密切相关，v_i 越大，表明该船舶所占的市场份额越小，最佳年运营量 $\overline{q}$ 越小；$\overline{V}$ 越大，单船运载能力 U_i 越大，固定成本 F_{Ci} 越小，最佳年运营量 $\overline{q}$ 越大。联立式(3-14)与式(3-16)可得年燃料消耗 $\overline{F}$，即

$$\overline{F} = Dg_i\lambda_i \overline{V}^2 \frac{\overline{q}S}{U_i D} = \frac{\sqrt[3]{2D\lambda_i g_i F_{Ci}^{~2}} S[2U_i D(P - K) - 3S\sqrt[3]{2D\eta\lambda_i g F_{Ci}^{~2}}]}{4\sqrt[3]{\eta^2} b D^2 U_i^2 (1 + v_i)} \tag{3-31}$$

进一步，比较分析可得

$$\begin{aligned} &\frac{\partial \overline{q}_i}{\partial \lambda_i} < 0, \quad \frac{\partial \overline{q}_i}{\partial v_i} < 0, \quad \frac{\partial \overline{q}_i}{\partial U_i} > 0, \quad \frac{\partial \overline{V}_i}{\partial \eta} < 0 \\ &\frac{\partial \overline{V}_i}{\partial \lambda_i} < 0, \quad \frac{\partial \overline{V}_i}{\partial F_{Ci}} > 0, \quad \frac{\partial \overline{F}}{\partial \eta} < 0, \quad \frac{\partial \overline{F}}{\partial v_i} < 0 \end{aligned} \tag{3-32}$$

由此可知，当燃料价格上涨和船舶自身水动力性能差时，航商会选择减小船舶速度；当船舶固定成本增加时，航商会选择提高船舶速度来减少所需的船舶数量；当运营商增加合作竞争时，航商会适当减少年运量，从而提高市场价格，以此获得更高的利润，这样也会减少燃料消耗，从而达到减排并提高自身收益。

(2) 基于碳排放交易的船舶低碳经济收益模型

对于基于碳排放交易的船舶低碳经济收益模型，通过优化运营船速、合理控制年运量同样可以得到最佳的运营效益。假定传统经济模式下优化航速后对应的气体排放量为 METS 实施的碳排放基线，即 $\tilde{E} = \overline{F}$。在该情境下，目标函数 $\text{Max}_{q_i, V_i} \tilde{W}_i$ 可表示为

$$\text{Max}_{q_i, V_i} \tilde{W}_i = Pq_i - (F_{Fi} + F_{Ci}) \frac{q_i S}{U_i V_i D} - \chi \left(C_{\text{factor}} D \lambda_i g V_i^3 \frac{q_i S}{U_i V_i D} - \theta \overline{F} \right) \quad (3\text{-}33)$$

由此可得，此模型下的经济航速 $\tilde{V}$、最佳运输量 $\tilde{q}$，以及年燃料消耗 $\tilde{F}$，即

$$\begin{cases} \tilde{V} = \sqrt[3]{\dfrac{F_{Ci}}{2D(\eta + \chi C_{\text{factor}})\lambda_i g}} \\[3mm] \tilde{q} = \dfrac{2U_i D(P - K) - 3S\sqrt[3]{2D(\eta + C_{\text{factor}}\chi)\lambda_i F_{Ci}^{\ 2}}}{2U_i Db(1 + v_i)} \\[3mm] \tilde{F} = \dfrac{\sqrt[3]{2D\lambda_i g F_{Ci}^{\ 2}} S[2U_i D(P - K) - 3S\sqrt[3]{2D(\eta + C_{\text{factor}}\chi)\lambda_i g F_{Ci}^{\ 2}}]}{4\sqrt[3]{(\eta + C_{\text{factor}}\chi)^2} bD^2 U_i^{\ 2}(1 + v_i)} \end{cases} \quad (3\text{-}34)$$

在 METS 实施过程中，碳排放交易价格 χ 可以看作附加在燃料价格上的费用，即 $\eta + C_{\text{factor}}\chi$。在此影响下，最优航速 $\tilde{V}$、年运量 $\tilde{q}$、年燃料消耗 $\tilde{F}$ 均要减少。此时，碳排放基线设定值 $\tilde{E}$ 和折减系数 θ 不会直接影响最优航速 $\tilde{V}$、年运量 $\tilde{q}$、年燃料消耗 $\tilde{F}$，但是会直接决定航商的交易行为。引入参数 θ'，即

$$\theta' = \frac{\tilde{F}}{\overline{F}} = \sqrt[3]{\left(\frac{\eta}{\eta + C_{\text{factor}}\chi} \right)^2} \frac{2U_i D(P - K) - 3S\sqrt[3]{2D(\eta + C_{\text{factor}}\chi)\lambda_i g F_{Ci}^{\ 2}}}{2U_i D(P - K) - 3S\sqrt[3]{2D\eta\lambda_i g F_{Ci}^{\ 2}}} < 1 \quad (3\text{-}35)$$

其物理意义表示船舶实际减排折减系数，$1 - \theta'$ 表示实际减排强度。

在 METS 的影响下，船舶年燃料消耗量相较传统经济模式减少，说明 METS 能有效刺激航商降速达到自主减排。对于航商来说，当 $\theta' < \theta$，即实际减排强度 $1 - \theta'$ 大于要求减排强度 $1 - \theta$ 时，航商可选择出售多余的碳排放配额获取收益；当 $\theta' > \theta$，即实际减排强度 $1 - \theta'$ 小于要求减排强度 $1 - \theta$ 时，航商为追求收益，运营船舶实际减排力度 θ' 未达到规定减排要求，则需从其他航商购买碳排放配额完成

减排要求。同理，可以引入经济航速减幅系数 k、最优年运量下降系数 m 来比较两经济体系下经济航速 V，以及年运量 q 的变化，即

$$
\begin{cases}
k = \dfrac{\overline{V} - \tilde{V}}{\tilde{V}} = 1 - \sqrt[3]{\eta / (\eta + C_{factor}\chi)} \\
m = \dfrac{\overline{q} - \tilde{q}}{\tilde{q}} = \dfrac{3S\sqrt[3]{2D(\eta + \chi C_{factor})\lambda_i F_{Ci}{}^2} - 3S\sqrt[3]{2D\eta\lambda_i F_{Ci}{}^2}}{2U_i D(P-K) - 3S\sqrt[3]{2D(\eta + \chi C_{factor})\lambda_i F_{Ci}{}^2}}
\end{cases}
\tag{3-36}
$$

由此可知，$k > 0$、$m > 0$，说明在 METS 的影响下，船舶的经济航速 $\tilde{V}$、最佳年运量 $\tilde{q}$ 较传统经济模型进一步减少。k 受燃料价格 η，以及碳排放交易价格 χ 的影响，随着 η 的减少、χ 的增加而增大。对 θ' 和 m 求导，可得

$$
\frac{\partial m}{\partial F_{Ci}} > 0, \quad \frac{\partial m}{\partial \lambda} > 0, \quad \frac{\partial \theta'}{\partial F_{Ci}} > 0, \quad \frac{\partial \theta'}{\partial \lambda} > 0
\tag{3-37}
$$

因此，对于船舶本身，若固定成本 F_{Ci} 越高、自身阻力性能越差(λ 值越大)、m 越大，则年运量减少量越少，实际减排折减系数 θ' 越大，减排效果越差。

3.5　国际航运业碳排放交易机制对江海直达集装箱船的影响分析

3.5.1　江海直达船型特征及相关参数计算

(1) 船型方案数据

选用三艘布置形式相似、货运级别不同的江海直达集装箱船作为研究对象进行实例分析。船型方案信息如表 3.7 所示。

表 3.7　船型方案信息

指标	船型 1	船型 2	船型 3
货运级别/TEU	900	800	700
船长 L_{oa}/m	139	139	133
垂线间长 L_{pp}/m	137	137	131
船宽 B/m	25.6	23.6	23.6
型深 D/m	10.25	10.00	9.5
设计吃水 T_d/m	4.5	4.5	4.5
结构吃水 T_s/m	6.0	6.0	6.0
方形系数 C_b	0.76	0.76	0.76

指标	船型 1	船型 2	船型 3
设计航速 V_s/kn	11.5	11.5	11.5
装箱量/TEU	943	830	771
定员/人	20	20	20

全船均为钢质、双机、双桨、双舵、单甲板、敞口集装箱船，方艉、直立型艏的艉机型船舶。货舱区域为双底双壳结构，设有三个敞口货舱。全船由七道水密横舱壁分隔为艏尖舱、侧推舱、应急消防泵舱(淡水舱)、货舱、机舱、艉尖舱(舵机舱)等。货舱两侧边舱为压载水舱、双层底为压载水舱。艏尖舱兼作艏压载水舱，艉尖舱为艉压载水舱。主机型号如 3.8 所示。

表 3.8　主机型号

货运级别	需要主机功率/kW	主机功率/kW	主机燃料消耗率/(g/(kW·h))	主机重量/t	主机价格/万元	转速/(r/min)
700	1758	1030	195	17900	104	700
800	1795	1030	195	17900	104	700
900	1948	1103	198	17900	105	750

① 主机。2 台中速柴油机，各船型方案主机参数如表 3.8 所示。

② 主发电机组。各方案均配置 2 台高速柴油发电机组，型号 NTA855-GM，四冲程、直列、增压、闭式水冷，240kW、1500r/min，燃料消耗率为 231g/(kW·h)，润滑油燃料消耗率为 1.36g/(kW·h)；

③ 应急发电机。各方案均配置 2 台应急高速柴油发电机组，型号 6CT8.3-GM115，直列、四冲程、风冷，115kW、1500r/min，燃料消耗率为 217g/(kW·h)，润滑油燃料消耗率为 1.36g/(kW·h)。

④ 轴带发电机。各方案均配置 2 台轴带发电机，120kW，电压 440V，20Hz。

⑤ 锅炉。各方案机舱均设置 2 台蒸汽组合锅炉，型号为 LZY0.35/50-0.7，工作压力为 0.7MPa，燃料耗率为 28kg/h。

⑥ 艏侧推装置。各方案均配置 2 台艏侧推，型号为 TT800-FP，由电动机驱动，最大推力 29.5kN、直径 0.8m、最大输出功率 180kW。

(2) 航线参数

武汉至洋山航线分海段与江段两部分。江段由武汉阳逻港至炮台湾船舶基地，长约 1102km。海段由吴淞口至洋山，长约 110km，整个航线长约 1212km。2015年武汉至太仓航道各分段限制水深如图 3.16 所示。长江干线航道水流速度如表 3.9

所示。目前，武汉至安庆的航道限制水深为 4.5m，11～4 月枯水期最小吃水 4.5m，洪水期在 9 月最大可达 6.0m。其他分段航段吃水常年维持在 6.0m 以上，万吨级江海直达船可以常年通行。江海直达船不同月份吃水限制分别为 4.5m、4.5m、4.5m、4.5m、5.0m、6.0m、6.0m、6.0m、5.5m、5.0m、4.5m、4.5m。考虑江海直达船航行于海段与河段，在计算航速时要考虑风浪的影响。

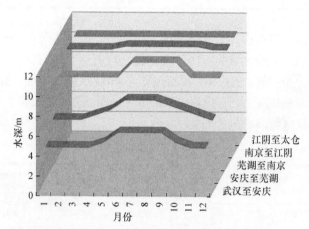

图 3.16　2015 年武汉至太仓航道各分段限制水深

表 3.9　长江干线航道水流速度

航段	一般水流速度情况
上流航段	枯水期水流速度为 1.5～3.0m/s，险滩最大水流速度为 4.2m/s
中流航段	枯水期水流速度为 1.0～1.7m/s，洪水期水流速度为 2.0～3.0m/s
下流航段	枯水期水流速度为 0.8～1.2m/s，洪水期水流速度为 1.6～1.9m/s

进入长江口的通海航道，船舶会出现失速现象。何惠明等[34]针对我国运输船舶，提出设计阶段的失速近似估算方法，即

$$1-f_w = \frac{\Delta V}{V} = \frac{12(B/T)C_w}{[0.45(L/100)^2 + 0.35L/100]L}\% \tag{3-38}$$

式中，ΔV 为波浪中失速(kn)；V 为设计航速(kn)；L 为垂线间长(m)；B 为型宽(m)；T 为吃水(m)；C_w 为浪级因子，即

$$C_w = KT_1 H_{1/3}^2 \tag{3-39}$$

式中，K 为修正系数，当 $L \leqslant 150$，$K = -0.05H_{1/3} + 0.9$；$H_{1/3}$ 为波浪有义波高(m)；T_1 为波浪特征周期(s)。

航行海域的波浪参数根据隋洪波[35]对杭州湾及长江出海口海域的风和波浪的观测资料，取其统计平均值，即 $H_{1/3}$=1.1m、T_1=5.3s。三型方案的 f_w 计算结果如表 3.10 所示。

表 3.10　三型方案的 f_w 计算结果

货运级别/TEU	f_w 计算值
900	0.980
800	0.981
700	0.978

(3) 船型方案燃料量、碳排放计算

船舶在航行时还要考虑辅机运转情况，船舶单航次航行 CO_2 排放量为

$$E_{ij} = \text{EF}_{CO_2} \times G_{ij} \tag{3-40}$$

式中，EF_{CO_2} 为 CO_2 的排放因子；G_{ij} 为船舶 i 航段 j 主机燃料消耗量；E_{ij} 是船舶单航次航行 CO_2 排放量。

主机燃料消耗率特性曲线如图 3.17 所示。航速与主机所需功率关系曲线如图 3.18 所示。根据实测数据可以拟合出两型主机的燃料消耗率与主机负载之间的关系，即

$$g_{\text{Load}} = g_i(0.455\text{Load}^2 - 0.71\text{Load} + 1.25) \tag{3-41}$$

根据以上分析，考虑船舶在港时间、集装箱装卸时间，以及不同航段海况对航速的影响，可以计算各船型方案在设计航速情况下正常运营年燃料消耗和排放量情况(表 3.11)。

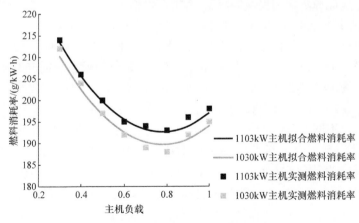

图 3.17　主机燃料消耗率特性曲线

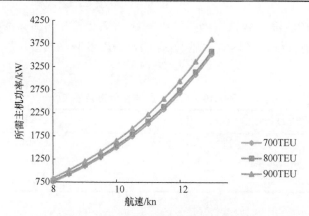

图 3.18　航速与主机所需功率关系曲线

表 3.11　三型方案在设计航速下年燃料消耗和排放情况

货运级别/TEU	燃料消耗/t	CO_2排放量/t	排放要求量/t	折减比例/%
700	2399.73	6685.63	7233.46	7.57
800	2457.21	6847.26	7414.84	7.66
900	2589.88	7222.45	7581.33	4.73

3.5.2　国际航运业碳排放交易机制对不同货运级别船型方案的影响比较

对两种经济收益模式进行建模仿真计算，通过全局搜索进行优化求取，可以得到三型方案的经济航速、各项经济指标性能参数，以及减排变化情况。

(1) 传统经济收益模式

根据一些能源数据网提供的数据，MDO 价格为 4200 元/t，LNG 价格为 3200元/t，集装箱运输价格为 850 元/14TEU。江海直达船考虑风浪影响，实际航行天数取 292d(80%)，根据掌握的市场情况，设定各港口非生产停时为 1d。同时，针对武汉阳逻新港，以及上海洋山港情况，其装卸集装箱效率分别定为 50TEU/h、100TEU/h。航速、年运量，以及 CO_2 减排量的关系如图 3.19 所示。

由图 3.19 可知，随着航速的降低，船舶年运量与 CO_2 排放量不断下降。图 3.20 反映不同航速下的三型方案年盈利变化情况。在该情景下，存在最佳经济航速使得船舶年运营收益最大，对应的航速分别为 10.20kn、10.15kn、10.06kn，航速降幅分别为 11.3%、11.7%、12.5%。当减速幅度超过 30%时，年盈利大幅下降，此时对于航商来说选择继续降速是不理智的。

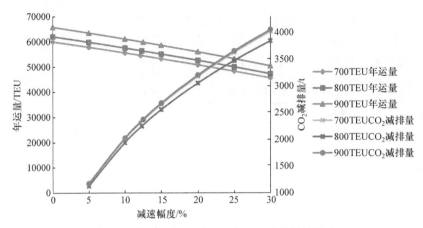

图 3.19　航速、年运量，以及 CO_2 减排量的关系

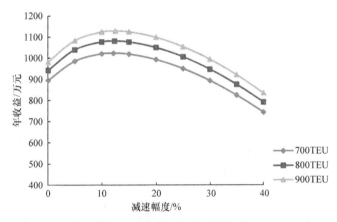

图 3.20　航速与年盈利的关系

各方案经济航速优化结果如表 3.12 所示。与设计航速比较，减速航行会给各方案带来不同的收益和碳减排效果。对于江海直达集装箱船，货运级别越大，其对应的经济航速降幅越大，碳减排效果和收益增益越大。

表 3.12　各方案经济航速优化结果

货运级别/TEU	年航行时间/d	收益		燃料		CO_2 排放	
		年收益/万元	变化/%	年消耗/t	变化/%	年排放量/t	变化/%
700	206	1022.13	14.38	1637.65	−31.76	4547.48	−31.98
800	204	1080.12	19.69	1654.51	−32.67	4595.18	−32.89
900	199	1126.90	20.77	1743.41	−32.71	4845.19	−32.91

(2) 基于碳排放交易的低碳经济收益模型

在 METS 的影响下，碳排放配额价格取 200 元/t，折减系数为 0.2，对三型方案进行经济航速优化，结果如表 3.13 所示。

表 3.13　METS 影响下各方案经济航速优化结果

货运级别/TEU	经济航速/kn	装箱量/TEU	年盈利/万元	CO_2 排放量/t	较传统模式减排/%	EEDI 折减/%
700	9.88	53673	1006.27	4326.01	4.87	43.2
800	9.86	55525	1064.02	4369.01	4.92	44.0
900	9.83	58855	1110.13	4597.71	5.11	42.6

在基于碳排放交易的低碳经济收益模型下，三型方案对应的经济航速进一步下降，相较设计航速，降速达 1.67kn、1.64kn、1.63kn。在 METS 的减排刺激下，按照排放折减 20%要求，三型方案 CO_2 排放量超过碳排放基线要求，需支付碳排放带来的成本，航商会选择进一步自主减排，相较传统经济模型的经济航速情景，年 CO_2 排放量下降 4.9%～5.1%，而标准集装箱运输成本仅增加 0.5%～0.7%。METS 对于江海直达集装箱船的经济效益影响不大，可以促进航商进一步自主减排。随着燃料价格进一步下降，碳排放配额价格持续走高，METS 的影响会更加明显。图 3.21 反映了在 METS 实行下，各方案的具体经济性能参数，以及 CO_2 排放的变化。可以看出，METS 对货运级别较大的船型方案更能促进其 CO_2 的自主减排，对经济效益的影响也更小。

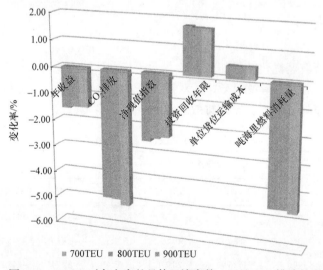

■ 700TEU ■ 800TEU ■ 900TEU

图 3.21　METS 对各方案的具体经济参数，以及 CO_2 排放的影响

(3) 碳排放配额价格 χ 和折减系数 θ 的敏感性分析

由理论分析可知，在基于碳排放交易的低碳经济收益模型的影响下，碳排放配额价格 χ 直接影响经济航速和年运量，而折减系数 θ 主要决定航商的交易行为。对这两个参数进行敏感性分析，结果如图 3.22～图 3.26 所示。

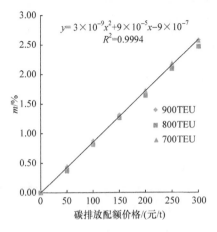

图 3.22　χ 与年运量变化系数 m 关系

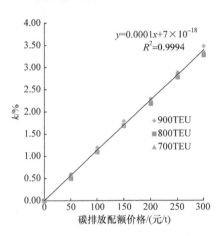

图 3.23　χ 与速度变化系数 k 关系

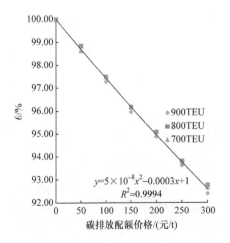

图 3.24　χ 与实际折减系数 θ 关系

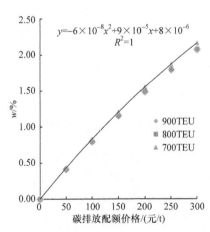

图 3.25　χ 与年利润变化系数 $w = \dfrac{\overline{W_i} - \widetilde{W_i}}{\overline{W_i}}$ 关系

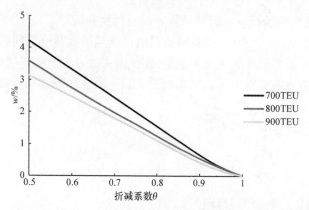

图 3.26　折减系数 θ 与年利润变化系数 $w = \dfrac{\overline{W}_i - \widetilde{W}_i}{\overline{W}_i}$ 的关系(χ=200 元/t)

由图可知，仿真结果与理论分析一致，碳排放配额价格 χ 直接影响船舶经济航速，进而影响减排效果、年收益和年运量。当折减系数取 θ=0.2 时，碳排放配额价格 χ 在 0~300 元/t 变化，对年利润和年运量的影响并不明显，证明此时通过适当降速带来的 MAC 并不是很大，但是可以刺激航商在原有减速航行的基础上继续降速，达到近 10%的减排增益效果。此时的折减系数 $\theta < \theta'$，航商选择购买其他航商的碳排放配额完成减排目标，或者通过其他技术提高自身减排能力以实现减排目标。图 3.26 反映折减系数 θ 与年利润的关系。当碳排放配额价格 χ=200 元/t 时，折减系数 θ 主要对各方案的年利润带来影响，随着其值减少，年利润减幅变大。由仿真结果可以发现，货运级别较大的船型方案，年利润受 METS 的影响相对较小。

3.5.3　江海直达集装箱船绿色技术边际减排成本计算

METS 能进一步促进航商自主减排，同时从侧面说明在船舶设计阶段提高船型方案节能减排的能力能更好地应对 METS 的实施。根据前面分析的航运业 MAC 计算方法，具体分析采用航速优化、LNG 与 MDO 双燃料动力系统在江海直达集装船三型方案实施的 MAC。

(1) 航速优化

船舶减速航行时，可以节约燃料消耗量。从这个角度来看，适当地减速航行并没有增加船舶的运营成本，反而会节约航行成本。但船舶减速后，年航次数会减少，因此年运量下降，年收益减少。综合来看，减速航行 MAC 的关系为

$$\text{MAC}(V) = (\Delta W - \Delta F_{\text{fuel}}) / \Delta CO_2 \tag{3-42}$$

式中，ΔW 为减速航行的年收入减少量(万元/年)；ΔF_{fuel} 为年航行燃料减少费用(万元/年)；ΔCO_2 为减速航行减排量(t)。

　　江海直达船航速优化的 MAC 曲线如图 3.27 所示。当各方案参照设计航速降速 30%，碳减排强度可达 50%，CATCH 值小于零，此时航商通过减速航行减排带来经济效益；若继续减速碳减排成本会逐渐增加，减排效率也随之降低，应考虑使用其他减排措施达到预期减排设定。同时比较三条曲线可以发现，货运级别越大的船型方案在减速航行时 CATCH 值越小，证明船型尺度越大的方案采用减速航行的经济效应越明显。

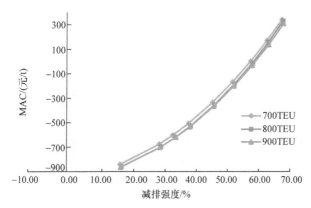

图 3.27　江海直达船航速优化的 MAC 曲线

(2) LNG 与 MDO 双燃料动力系统

　　LNG 燃料的使用是长江内河船未来发展的趋势之一，目前部分小型集装箱船已完成双燃料主机的改装。LNG 燃料较传统船舶燃料含碳量低，会带来良好的环境效益。但是，使用 LNG 燃料推进时需考虑固定成本的增加。其附加成本包括储罐、主机系统、燃气管线等。研究表明，对于中等规格的集装箱船(1500TEU 和 4600TEU)损失量最大，航行过程中 LNG 使用量越多，LNG 罐体所需的体积越大。因此，这会带来更多固定成本的增加，如占用箱位布置空间的 3%~5%，而船员、备件、维护等运行成本会比传统主机船舶高 10%[36]，即

$$MAC(LNG) = \left[F_{LNG}/n - k \times F_{fuel}(P_{HFO} - P_{LNG}) \right] / \Delta CO_2(LNG) \qquad (3\text{-}43)$$

式中，F_{LNG} 为船舶双燃料动力系统投入固定成本；n 为使用年限；F_{fuel} 为年航行燃料使用量；k 为使用 LNG 燃料的比例；P_{HFO}、P_{LNG} 分别为 MDO、LNG 的价格。

　　图 3.28 反映各方案在采用双燃料动力系统时，使用不同比例的 LNG 燃料碳减排效果和对应的 CATCH 值。若油价下跌，使用双燃料动力系统的经济优势并不明显。若在航行过程中，LNG 作为燃料的使用比例较低，则采用这项绿色技术对应的 CATCH 值较高。对于货运级别较大的船型方案，前期投入会比较大，随着 LNG 使用比例的增加，CATCH 值会逐渐下降。因此，在方案设计初期考虑使用双燃料动力系统时，若能很好解决 LNG 罐布置问题和加气问题，则尽量多使

用 LNG 作为航行燃料。这样不仅有效降低碳排放量，还能带来不错的经济效益。

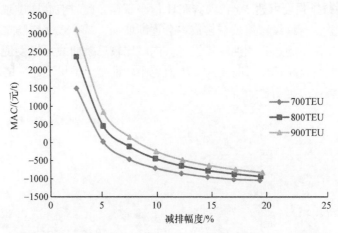

图 3.28　江海直达船 LNG 与 MDO 双燃料推进的 MAC 曲线

3.6　本 章 小 结

本章从传统船舶经济学原理出发，介绍国际航运业目前主要试行的七种碳排放交易机制，并对 GHG FUND 和 METS 市场原理进行分析比较，结合 METS 原理，构建针对江海直达集装箱船的低碳经济收益模型，以江海直达集装箱船作为研究对象，借助对经济航速的分析，量化 METS 的市场作用。METS 对不同货运级别船型方案经济航速、年运量、碳排放量，以及各经济性能参数的变化表明，METS 能进一步促进航商自主减排，利用计算模型与 MAC 曲线可以在设计初期对各绿色技术的经济效应预估提供一种新的思路与方法。

第4章　船舶简化生命周期评价计算平台
及其在江海直达船型论证中的应用

4.1　船舶简化生命周期评价的思路方法的提出

4.1.1　完整生命周期评价流程与船舶生命周期评价的简化途径

产品的完整 LCA 就是评价构成产品的所有成分在该产品的生命周期内消耗了的能源与材料，以及此工程造成的环境排放对环境造成的影响。这种完整 LCA 显然是无法完成的，因此概念上所说的完整 LCA 也只是相对的完整，不可能绝对完整。

可以发现，对产品进行一整套完整 LCA 过程，研究者需要面对大量与环境影响息息相关的数据信息。在这个过程中，还要排除与影响评价无关的干扰因素，因此会花费大量的费用、时间和精力来收集整理产品清单信息。但是，最终仍无法克服主观原因和客观原因造成的数据重复统计或遗漏。这些问题最终会造成评价结果失真[37]。

因此，现阶段用一个完整 LCA 过程来处理复杂的产品系统，面对的是无法克服的困难，如费用昂贵、耗时长、海量数据处理。虽然现今人类在大数据处理方面不断取得新的进展，但是完整 LCA 显然是无法完成的[38]。

LCA 方法有很多种，常见的有 EDIP（environmental design of industrial products，工业产品环境设计）97、EDIP2003、EPS（environmental priority strategies in product development，产品开发环境优先策略)2000、CML（Institute of Environmental Sciences，环境科学研究所）2001、IMPACT 2002+ [39]。可以发现，这几种方法各有其优势，但在船舶领域应用时，均存在无法克服的障碍，利用任何一种方法都有其不确定性。对于船舶这样复杂的系统，利用其中任一方法都无法得出公认的满意结果。如何把上述几种评价方法有机地整合，克服 LCA 自身存在的不确定性缺陷，完善理论支撑，建立新的 LCA 体系将成为新的研究方向。

船舶是一个复杂的多产品有机集合组成的综合体。如果需要应用 LCA 对产品进行评价，首先需要找出针对该产品的简化 LCA 途径，然后才是进行产品生命周期的简化评价。既要保证简化后的 LCA 设定了清晰明确的目标和范围，不能出现评价目标过大、范围太宽泛的情况，又要在清单分析中剔除对环境影响过小的信息，将影响环境的主要关键因素作为清单分析的重点。结合本书江海直达绿色集装箱船方案选择问题，参照王玉振[40]的分析，突出四个简化思路，即简化船舶产品生命周期阶段、简化船舶影响类型、简化船舶 LCA 数据和简化船舶 LCA 过程重叠环节[41]，分析 LCA 所能采取的简化思路。

4.1.2 简化船舶产品生命周期阶段的角度

纵观船舶的整个生命周期，在设计人员阅读理解船东的意向书，掌握船东需求后，船舶设计工作的开始就是该船舶生命周期的开始。船舶设计阶段给环境带来影响的主要工作环节是船舶方案设计图纸绘制工作、船型方案可行性论证计算工作。从全生命周期角度出发，船舶在设计阶段对环境产生的影响与其他阶段相比十分微小，可以忽略，因此船舶 LCA 对设计阶段可以采用去掉的方式进行简化。这种简化思路可以使船舶 LCA 过程大大缩短，具体案例具体分析，具有针对性强的特点。

4.1.3 简化船舶影响类型的角度

海上航行的船舶常被看作移动的城市，甚至是一个缩小的生态系统单元，可见其复杂程度。江海直达船显然没有那么复杂，但其造成的环境影响类型并没有因此而减少。不同之处在于，同一类型的环境影响在全部类型中占比发生变动。从整体出发，船舶在建造阶段会由于船体钢板切割、打磨、搬运、成形等加工过程和设备产生噪声污染[42]，给周围环境带来负面影响。船舶涂料中的有害成分也可能对环境造成污染(表 4.1)。舾装阶段会产生大量固体废弃物，船油类作业(油污水、燃料搭载、油品)会带来大量的污水。

表 4.1   部分船用涂料与溶剂的有害成分

组成	有害成分
成膜物质	煤沥青、环氧树脂、松香等
溶剂	苯、甲苯、二甲苯、松节油、丙酮、汽油等
涂料	杀虫剂、铜化合物、有机锡化合物等

面对这些影响类型，要继续采取简化的方式。在这种思路下，研究人员或研究发起者要将研究的焦点放在具有较高优先权的影响问题上，并在船舶全生命周期中跟踪这些问题。这可以把对使用者非常重要的问题作为问题的焦点集中处理，可能在船舶评价过程中得出对使用者十分有用的信息。这种简化思路对于江海直达船来说特别有效。

4.1.4　简化船舶生命周期评价数据的角度

完整 LCA 价格昂贵，其主要花费在可靠的定量数据收集上。对于船舶，要得到这样一份数据清单目前是一项无法完成的任务。船厂在船舶建造过程中基于目前的工艺水平会采用模块化的混杂建造方式，无法对生产线或车间的能量消耗和排放做出精确的划分。此外，对船厂来说，先进的造船工艺是企业的核心竞争力，作为企业的商业机密，是不会公布出来的，因此无法统计翔实的数据。在无法获得定量数据时，采用半定量化方法或将船舶生命周期中定性的信息进行分析处理后再综合是目前比较可行的做法。面对较难获得数据的零部件、原材料、工艺等，可以用相似的比较容易获得的数据来替代。选择替代对象时，并不是存在相似的数据就可以替代，替代要保证可比性，就必须保证两者所有的关键要素相同或高度相似。在船舶影响评价中，当某种环境影响类型占比小于环境影响比例限定值时，则排除该影响类型。这种简化思路的优点是，船舶 LCA 过程是相对完整的，对于部分无法定量化的环境影响因素处理较为合适。

4.1.5　简化船舶生命周期评价过程的角度

根据船舶 LCA 设定的评价目的和范围，对于一些对比性的评价，对象之间存在相同部分，可适当地将相同的部分或环节略去，仅对不同的内容进行分析。本书研究的江海直达船就存在几种不同方案对比的情况，有些方案在建造工艺、原材料生产、运输、加工、回收利用等过程均相同。凭借上述简化思路，可以省略大部分工作，减少工作量，但对最终评价结果并未造成影响。该简化思路针对的是比较两种或几种方案的优劣，只对产品方案中不同的部分进行评价就能得到需要的结果。这种简化思路的优点是 LCA 过程减少，针对性更强，需要处理的数据量较少，可以略去某些无法确定的因素。

4.2　船型方案生命周期评价实施步骤

根据 ISO 标准，船型方案 LCA 实施步骤如图 4.1 所示。

4.2.1　评价目的和范围的确定

(1) 评价目的

利用 LCA 理论，对船型方案做出环境影响评价，其主要目的是对船舶全生命周期内的能源、资源消耗，以及固体废弃物、废水、废气排放情况做出分析与评价；对船舶全生命周期各阶段的环境影响情况进行量化，辨识各个阶段的主要环境影响类型，并提出有针对性的环境改善措施；从全生命周期角度出发，提高

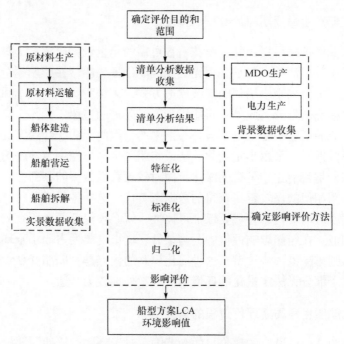

图 4.1　船型方案 LCA 实施步骤

船舶对能源、资源的利用率，更好地节能减排；以船型方案 LCA 结论为依据选择环保性能更优的船型，实现绿色船舶。

(2) 功能单位

功能单位(function unit，FU)是用来描述所评价对象各方面情况的合适单位，能够使评价结果具有可比性和准确性。本书参考国内已有的船舶 LCA 研究，将功能单位选取为 t·km/a，通过该单位分析船舶方案对环境的影响。

(3) 系统边界

船体材料 LCA 分析系统边界如图 4.2 所示。如果系统边界设定过于宽泛，就会造成工作量倍增、评价重点不突出、评价结果模糊、评价实际意义减小。因此，在 LCA 的实际运用中，应该根据评价目的，结合研究对象自身的特点，合理设定系统边界。

(4) 数据简化

在整个生命周期内，产品会产生大量的数据。评价者需要选择可靠的数据来源并对数据进行甄选，既要保证评价结果的可信度、说服力，又不能因为过多的数据需要处理而造成评价无法顺利进行。因此，需要在保证数据质量的前提下对数据进行简化处理。根据提出的简化思路，结合本书船型方案优选，对 LCA 做出以下简化。

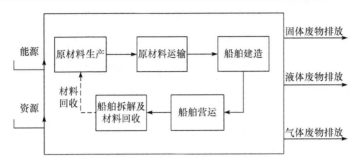

图 4.2　船体材料 LCA 分析系统边界

① 船舶生命周期涉及的数据繁多，若排放物的排放量过小，则不计入。

② 船舶涉及的钢材及其消耗的能源和资源，产生的排放均采用一般钢材的相关数据。

③ 在建造阶段，几个船型方案采用相同的涂装工艺原材料。船型方案的船型尺度差别不会带来涂料用量的较大变化，因此我们采用排除涂料影响的方式来简化。

④ 船舶为了满足其工作需要，会有多种机械设备，铺设多条管道。对于这两部分，其组成材料中钢材占据绝对比例，所以我们将这两部分以钢材的形式来简化，并计算其环境的影响。

⑤ 在影响评估中，如果造成的环境影响力较小，则不考虑该环境影响。

4.2.2　清单分析详情

数据收集包括背景数据和实景数据。实景数据是评价对象的生产、使用、报废回收过程中直接产生的能量消耗或排放数据。背景数据是被评价对象生命周期各个阶段间接产生的环境影响。例如，在完整的船舶生命周期中，主机消耗的燃料直接产生污染物排放就是实景数据，而背景数据是生产这些燃料所产生的环境影响。

(1) 收集背景数据

根据本书确定的研究范围，原材料的生产和船舶材料拆解回收阶段涉及的背景数据已收集在内。本书涉及的背景数据主要是生产 MDO 和生产电力的清单数据。

因此，本书实际需要收集的背景数据主要有两部分。一部分是在产出船舶建造阶段消耗电能所需要的能源投入和环境排放。另一部分是在运输原材料阶段过程，以及船舶运营阶段过程中所用 MDO 和 LNG 生产的能源投入和环境排放。电力生产数据清单如表 4.2 所示。MDO 生产数据清单如表 4.3 所示。两表涉及的数据均不是单一案例数据，而是平均数据。LNG 各阶段主要污染气体排放清单如表 4.4 所示。

表 4.2　电力生产数据清单

项目	物质类型	单位	清单结果
能源投入	硬煤	kg/(kW·h)	5.47×10^{-1}
	原油	kg/(kW·h)	2.80×10^{-3}
环境排放	CO_2	kg/(kW·h)	1.36×10^{-2}
	SO_2	kg/(kW·h)	2.95×10^{-3}
	NO_x	kg/(kW·h)	2.42×10^{-3}
	CO	kg/(kW·h)	1.50×10^{-4}
	CH_4	kg/(kW·h)	2.45×10^{-3}
	PM	kg/(kW·h)	4.93×10^{-5}

表 4.3　MDO 生产数据清单

项目	物质类型	单位	清单结果
原材料投入	淡水	kg/kg	2.90
能源投入	煤	kg/kg	7.44×10^{-2}
	天然气	kg/kg	1.44×10^{-4}
环境排放	CO_2	kg/kg	6.71×10^{-2}
	CO	kg/kg	1.75×10^{-4}
	CH_4	kg/kg	1.44×10^{-2}
	NO_x	kg/kg	5.95×10^{-4}
	SO_2	kg/kg	8.65×10^{-4}
	PM	kg/kg	7.86×10^{-6}

表 4.4　LNG 各阶段主要污染气体排放清单

排放物类型	单位	生产阶段	液化阶段	燃烧
CO_2	kg/t	6.23×10^{-2}	2.28×10^{-1}	2.75
CH_4	kg/t	8.75×10^{-5}	1.94×10^{-3}	2.00×10^{-5}
NO_x	kg/t	1.38×10^{-4}	7.47×10^{-6}	7.83×10^{-3}
CO	kg/t	8.45×10^{-5}	1.24×10^{-4}	7.83×10^{-3}
SO_2	kg/t	3.95×10^{-4}	1.87×10^{-4}	5.12×10^{-2}
PM	kg/t	9.12×10^{-4}	1.27×10^{-6}	1.80×10^{-4}

(2) 钢材生产阶段

船舶使用最多的原材料就是钢材。其背景数据和实景数据收集将对整个 LCA 带来重要影响，因此钢材是本书研究的主要原材料。钢材生产流程如图 4.3 所示。钢铁工业在我国整个工业体系中的能量消耗达到 11%。与此同时，钢铁工业排放废气占我国整个工业体系所排放废气的 14%，对应的固体废弃物数据比例是 16%，粉尘数据比例更是达到 20%[43]。钢铁工业的节能减排一直是环境保护领域关心的重要问题。针对研究内容，在钢铁生产阶段对船舶方案 LCA 产生影响的工业步骤是铁矿石的开采和钢铁材料的炼制。

图 4.3　钢材生产流程

1kg 钢材生产阶段清单数据[44]如表 4.5 所示。

表 4.5　1kg 钢材生产阶段清单数据

项目	物质类型	单位	清单结果
原材料投入	铁矿	kg/t	$2.89×10^3$
	锰矿	kg/t	$5.39×10$
	石灰石	kg/t	$2.66×10^2$
	石灰	kg/t	$1.04×10^2$
	白云石	kg/t	$3.19×10^2$
	焦炭	kg/t	$9.98×10^2$
	精煤	kg/t	$1.47×10^3$
	原煤	kg/t	$1.98×10^3$
	萤石	kg/t	2.30
	水	kg/t	$1.48×10^5$
能源投入	电力	MJ/t	$1.11×10^3$
	煤	MJ/t	$2.57×10^3$
	天然气	MJ/t	$7.97×10$
	HFO	MJ/t	$6.50×10^3$
	MGO	MJ/t	$4.22×10$
	MDO	MJ/t	$2.06×10^2$
	焦炉气	MJ/t	$3.76×10^3$
	高炉气	MJ/t	$3.97×10^3$
	其他	MJ/t	$4.12×10^3$

续表

项目	物质类型	单位	清单结果
环境排放	CO_2	kg/t	1.79×10^3
	SO_2	kg/t	3.11×10
	NO_x	kg/t	1.18×10
	CO	kg/t	1.47×10^2
	CH_4	kg/t	1.95×10
	PM	kg/t	1.26×10^2
	COD	kg/t	2.39×10
	SS	kg/t	4.78×10^2
	油	kg/t	1.19
	固体废弃物	kg/t	6.98×10^3

(3) 钢材运输阶段

完成钢材生产后，就需要将其从生产厂家运输到船厂。由于简化计算需要，这里不考虑不同运输方式产生的影响，仅分析原材料的运输距离和运输重量带来的影响。原材料运输阶段数据清单如表 4.6 所示。

表 4.6　原材料运输阶段数据清单

项目	物质类型	单位	清单结果
能源投入	MDO	kg/(t·km)	7.98×10^{-3}
环境排放	CO_2	kg/(t·km)	2.32×10^{-2}
	SO_2	kg/(t·km)	3.70×10^{-4}
	NO_x	kg/(t·km)	4.40×10^{-4}
	CO	kg/(t·km)	7.00×10^{-5}
	C_xH_y	kg/(t·km)	4.00×10^{-5}
	烟尘	kg/(t·km)	7.00×10^{-7}

(4) 船舶建造阶段

船舶建造阶段是将钢材根据设计要求加工制作成船体构件，然后将它们组装焊接成中间产品(部件、分段、总段)，最后吊运至船台总装成船体的过程。船舶建造流程如图 4.4 所示。

以钢材为例，在船舶建造过程中，首先要经过材料预处理工序，将变形的钢材矫正，然后进行表面除锈、喷涂防锈底漆等作业。此工序会消耗电能，产生大量粉尘，涂料会释放许多有害气体污染物。接下来，对处理后的钢材进行构件加工，包括边缘加工、切割加工、弯曲成形。边缘加工时会产生大量粉尘和噪声；切割加工时不同的切割工艺会造成不同的环境影响，主要产生气体污染和粉尘；弯曲成形时对于大曲度板，目前主流处理工艺是采用热弯成形加工，即氧乙炔焰。构件加工过程的主要排放类型是粉尘，同时伴随气体废弃物。该工序会消耗大量的电能。最后是材料焊接工序，焊接种类多种多样，会消耗大量的电能，产生焊渣和废气污染。由于焊渣和废气污染在该环节影响较小，因此只考虑生产电能的环境影响。

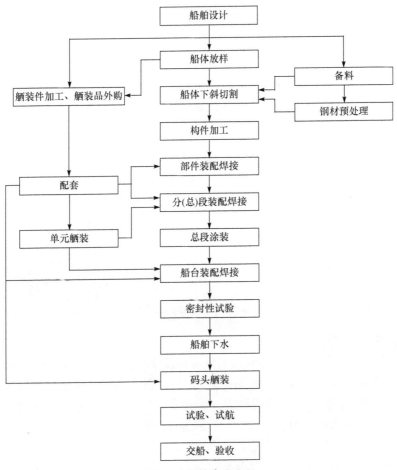

图 4.4 船舶建造流程

在船体材料实际 LCA 中，需要收集船舶建造过程中材料预处理的板材面积、构件切割加工的切割面积和焊接距离。廖文[20]提供了相关的估算方法，即每吨钢材的平均切割面积为 0.33m², 每吨钢材的焊接距离约为 9.02m。船舶建造阶段数据清单如表 4.7 所示。

表 4.7　船舶建造阶段数据清单

环境排放类型	板材预处理排放/(kg/m²)	构件切割排放/(kg/m²)	焊接排放/(kg/(kW·h))
CO_2	$6.27×10^{-2}$	$2.14×10^{-2}$	$2.90×10^{-3}$
SO_2	0.00	$2.03×10^{-4}$	$2.75×10^{-5}$
NO_x	0.00	$1.46×10^{-4}$	$1.98×10^{-5}$
CO	0.00	$6.37×10^{-5}$	$8.64×10^{-6}$
C_xH_y	$2.54×10^{-3}$	0.00	0.00
PM	$2.32×10^{-2}$	$7.51×10^{-1}$	$1.22×10^{-4}$
HC	0.00	$7.08×10^{-6}$	$9.60×10^{-7}$

(5) 船舶运营阶段

在运营阶段，船舶主辅机是主要的污染物产生来源，包括排放的废气、固体废弃物和生活污水[45]。船舶运营阶段数据清单[46]如表 4.8 所示。其数据代表每消耗 1kg MDO 产生的相关污染物排放量。

表 4.8　船舶运营阶段数据清单

环境排放类型	主机直接排放/(kg/kg)	MDO 生产排放/(kg/kg)
CO_2	3.17	$6.71×10^{-2}$
SO_2	$2.00×10^{-2}$	$8.65×10^{-4}$
NO_x	$5.50×10^{-2}$	$5.95×10^{-4}$
CO	$7.40×10^{-3}$	$1.75×10^{-4}$
CH_4	0.00	$1.44×10^{-2}$
PM	$7.00×10^{-3}$	$7.86×10^{-6}$

(6) 废弃拆解及回收阶段

① 废弃拆解。船舶废弃拆解根据现行环保技术特征，可以分为高环保技术特征的欧盟拆解模式、具有一定环保要求的中国拆解模式和环保要求较低的印巴孟拆解模式。中国拆解模式常用的方法包括靠泊位拆解法、离岸水上抛锚拆解法等。典型的船舶拆解流程如图 4.5 所示。拆解过程会产生固体废弃物污染、水体污染和大气污染。固体废弃物污染主要来自废油渣、废旧线缆、电石渣、石棉、废电池、铅汞等重金属。水体污染主要来自压载水、洗舱水、舱底水、废弃油料、芳香类羟基化合物等。大气污染主要来自电石废气、切割废气等。

② 材料回收。船舶拆解后会产生大量废钢，采用合理的再循环工艺，可以将其投入新产品的制造中。材料回收再利用环节可以降低新产品对材料的需求，减轻材料对环境的影响。

图 4.5　典型的船舶拆解流程

废钢的合理回收利用，往往采用电炉炼钢工艺。此工艺可以省去传统钢铁生产工艺中的采矿、选矿、烧结、炼铁。由于我国的生铁价格低于废钢价格，并且电炉炼钢需要消耗更高的电能，因此我国废钢回收利用产业发展低于世界平均水平[47]。由废钢生产 1t 钢材，其回收再利用数据清单如表 4.9 所示。

表 4.9　材料回收再利用数据清单

项目		单位	清单结果
能源投入	电力	MJ	$7.48×10^2$
	煤	MJ	$8.57×10^2$
	天然气	MJ	$7.97×10$
	HFO	MJ	$5.77×10^3$
	焦炉气	MJ	$9.37×10^2$
	高炉气	MJ	$5.99×10^2$
	其他	MJ	$5.64×10^2$
环境排放	CO_2	kg/t	$8.00×10^2$
	SO_2	kg/t	2.48
	CO	kg/t	1.41
	PM	kg/t	5.83
	SS	kg/t	$2.09×10$
	油	kg/t	$9.13×10^{-1}$
	固体废弃物	kg/t	$5.25×10^3$
产品	钢材	kg/t	$1.00×10^3$

废弃拆解及回收阶段既消耗资源与能源，又带来环境排放。由于回收再利用工艺的存在，回收的材料使新船对原船体材料的需求降低了，因此材料回收阶段数据清单应为回收材料数据与原材料生产数据之差(表 4.10)。材料回收阶段的环境影响潜值 EL 的计算方法应该为[48]

$$EL = EL_{RE} - EL_M \tag{4-1}$$

式中，EL_{RE} 为回收工艺对环境产生的影响值；EL_M 为原材料生产的环境影响值。

表 4.10 废弃拆解与回收阶段数据清单

环境排放类型	废钢回收排放减少量/(kg/t)
CO_2	$-9.89×10^2$
SO_2	$-2.86×10$
NO_x	$-1.18×10$
CO	$-1.45×10^2$
CH_4	$-1.95×10$
PM	$-1.20×10^2$
COD	$-2.39×10$
SS	$-4.57×10^2$

这一阶段材料回收重量与回收率是数据清单的主要影响要素。

4.2.3 标准船型不确定分析

按照 2.2.5 节阐述的方法,对标准船型方案的环境排放清单数据进行不确定分析。根据前面结果可以计算得出运输过程、钢材生产、建造工艺、燃料生产、燃料燃烧、材料回收等基本流程对环境影响的贡献率,如表 4.11 所示。从表中数据可以发现,对环境影响结果影响较大的主要是燃料燃烧和钢材生产,因此应该对这两个基本流程的数据不确定性着重关注。

表 4.11 基本流程对环境影响的贡献率 (单位:%)

环境影响类型	运输过程	钢材生产	建造工艺	燃料生产	燃料燃烧	材料回收
全球变暖潜值	0.0198	1.2717	0.0003	2.8562	96.0742	−0.2221
光化学臭氧生成潜值	0.0424	9.7897	0.0605	5.7143	86.3340	−1.9410
酸化潜值	0.0289	2.7935	0.0000	2.0948	95.6062	−0.5234
富营养化潜值	0.0196	5.9196	0.0000	1.0191	94.1840	−1.1424
PM	0.0002	47.6193	0.3046	0.0686	61.0892	−9.0819

根据不确定性量化指标表格中的评分标准,对标准船型方案的清单数据进行评分。应当首先对可信度、完整性、时间相关、地理相关、技术相关等指标的权重进行计算。指标判断矩阵如表 4.12 所示。

表 4.12   指标判断矩阵

指标	可信度	完整性	时间相关	地理相关	技术相关
可信度	1	2	1	3	3
完整性	1/2	1	1/2	2	1
时间相关	1	2	1	2	2
地理相关	1/3	1/2	1/2	1	1
技术相关	1/3	1	1/2	1	1

通过运用 FAHP 对判断矩阵求解可得五项指标的权重。在计算结果中，最大特征根 $\lambda_{max} = 5.062$、C.I = 0.0154、C.R = 0.014 < 0.1，满足一致性检验。指标权重列表如表 4.13 所示。

表 4.13   指标权重列表

指标	权重
可信度	0.33
完整性	0.16
时间相关	0.28
地理相关	0.11
技术相关	0.13

根据确定的权重对六大基本流程的各指标得分进行加权计算，结果如表 4.14 所示。根据不确定性得分和贡献率可得图 4.6 所示的数据分布结果。

表 4.14   流程的各指标加权得分

指标	运输过程	钢材生产	建造工艺	燃料生产	燃料燃烧	材料回收
可信度	9	7	5	7	6	7
完整性	8	9	3	8	8	9
时间相关	7	6	5	7	5	6
地理相关	8	8	7	8	7	8
技术相关	8	7	4	7	7	6
不确定性得分	8.05	7.15	4.78	7.27	6.28	7.02

可以看出，建造工艺过程中的数据不确定性最高，数据质量最差，得分仅为 4.78。此部分数据质量较差的原因主要是基础数据库缺乏，很多数据是估计的、年代久远的或者源于相似行业。燃料燃烧贡献率最高，高达 90.2%，但是其数据质量不高，因此其清单数据也应重点分析。运输过程数据质量较高且对结果贡献率较低，因此这部分数据可不做分析。

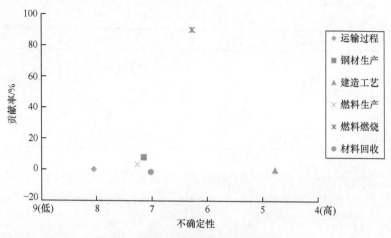

图 4.6 船舶生命周期清单不确定性分析

4.3 生命周期评价平台的构建

4.3.1 平台结构组成

根据 LCA 的分析流程及简化思路，可以构建简化 LCA 平台。其结构组成如图 4.7 所示。

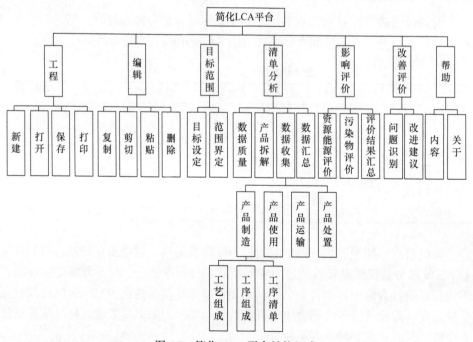

图 4.7 简化 LCA 平台结构组成

4.3.2　基于生命周期评价的船舶能效模型

(1) 能效 LCA-CO_2 和 LCA-GWP 指数

EEDI 和 EEOI 是目前航运业常用的两个能效指数。EEDI 主要基于燃料消耗，体现船舶能源使用最直接形式这一基本特性。CO_2 的排放正比于燃料消耗，因此船舶运营阶段的 CO_2 排放量可以通过燃料消耗量和相应排放因子计算得出。EEOI 也与此类似。这两个指标的主要区别在于 EEOI 不是衡量设计能效，而是衡量船舶实际的运营能效。运营能效描述的是实际运营条件下船舶排放量和运输工作的比值。

IMO 给出了船舶常用燃料的 CO_2 排放系数，用符号 C_F 表示[7]。从表 4.15 可以看到，不同燃料的 C_F 值均不相同。由于 LNG 的 C_F 值为 2.750，要比 MDO 的 3.206 小很多，因此很多船舶开始采用 LNG 作为船舶清洁燃料以提高船舶能效水平。如果从全生命周期角度考虑，燃料在生产过程中也会产生排放，并且产生的这些排放也是为船舶运营服务的，因此在评估船舶能效时也需要把燃料生产过程考虑在内。大家都知道特斯拉一直以环保而著称，但近几年相关的争议也越来越多。2016 年新加坡特斯拉 Model S 车主因排放过多 CO_2 被罚款。国外从事 LCA 研究的学者从全生命周期的角度对特斯拉的 CO_2 排放量进行评估，结果表明一辆特斯拉 Model S 在其 15 万 km 的寿命中将以发电形式排放 13t CO_2，而且在电池生产阶段会产生 14t CO_2，生产和拆解过程会产生 7t CO_2，生命周期内共计产生 37t CO_2，而性能相近的 MDO 版奥迪 A7 Sportback 生命周期内排放的 CO_2 约为 35t，少于特斯拉电动汽车。因此，从生命周期的角度出发，应该尝试更全面、准确地评估能效。

表 4.15　不同燃料所对应的 C_F 值

燃料类型	参照标准	含碳量/%	CO_2 排放因子 C_F
MDO	ISO 8217，DMX 至 DMC 级	0.875	3.206
LFO	ISO 8217，RMA 至 RMD 级	0.860	3.151
HFO	ISO 8217，RME 至 RMK 级	0.850	3.144
LPG	丙烷	0.819	3.000
LPG	丁烷	0.827	3.030
LNG	—	0.750	2.750

此外，当前 EEDI 和 EEOI 指数都仅考虑 CO_2 排放。从长远看，为有效控制船舶大气污染物排放，仅限制 CO_2 排放是不够的，因此 IMO 将对船舶航运业排放提出更高的要求。随着 IMO 将排放控制区纳入《防污公约》附则 VI，以及

欧盟 MRV 机制的实施，当前国际上对航运业大气排放物的控制已经不仅仅局限于 CO_2，今后将对越来越多的排放物提出排放要求。

在当前航运业积极减排的大背景下，鉴于 EEDI 和 EEOI 指数在船舶能效评估方面存在的不足，我们尝试将 LCA 作为当前能效管理补充工具的可行性。由于 EEDI 和 EEOI 指数都是针对船舶运营阶段的排放，在研究伊始对 LCA 模型进行适当的简化，将研究的系统边界也限制在运营阶段。此时，LCA 能效模型与 EEDI/EEOI 指数存在如下区别。一方面，LCA 模型从生命周期的角度出发额外考虑燃料生产过程中的排放。另一方面，EEDI/EEOI 仅考虑 CO_2 排放，而 LCA 可考虑多种气体排放，甚至是多种不同环境影响类型。相比之下，运用 LCA 能效模型的评估可以更加全面地反映船舶的环境性能。

在构建 LCA 能效模型时用 LCA-CO_2 指数表征船舶 CO_2 排放的能效水平，用 LCA-GWP 指数表征船舶温室气体排放的能效水平。全球变暖主要是温室气体排放引起的，在 LCA 方法中可以通过分类、特征化借助 GWP 将温室气体排放量转换为二氧化碳当量(CO_2eq.)，作为温室气体排放的定量分析结果。船舶生命周期内温室气体排放类型及相应的 GWP 如表 4.16 所示[27]。

表 4.16　船舶温室气体排放类型及相应的 GWP

温室气体排放类型		GWP/(g CO_2eq. /g)
CO_2		1
N_2O		298
CH_4		25
SF_6		22800
HFC(hydrofluorocarbon，氢氟碳化物)	HFC-134a	1430
	HFC-152a	124
	HFC-23	14800
PFC(hydrochlorofluorocarbon，氢氯氟碳化物)	PFC-14	7390

在 EEDI 和 EEOI 的公式中，分子表示船舶的排放，分母表示船舶运输任务。同理，可以类推出船舶 LCA 能效公式，即

$$LCA\text{-}CO_2 = \frac{CO_{2total}}{m_{cargo}D} \tag{4-2}$$

$$LCA\text{-}GWP = \frac{GWP_{total}}{m_{cargo}D} \tag{4-3}$$

式中，CO_{2total} 为船舶航行时 CO_2 的清单计算结果(g)；GWP_{total} 为船舶航行时温室

气体排放的特征化结果(g CO₂eq.)；D 为船舶航距(n mile)；m_{cargo} 为船舶的载货量(t、TEU 或者人，视情况确定)；LCA-CO₂ 为 CO₂ 排放的 LCA 能效值(g CO₂/(t·n mile))；LCA-GWP 为温室气体排放的 LCA 能效值(g CO₂eq./(t·n mile))。

由于研究主要针对运营阶段，排放的产生均是与燃料相关的，参照 EEDI 计算公式可得

$$
\text{LCA-CO}_2 = \frac{\left(\sum_{i=1}^{n\text{ME}} P_{\text{ME}(i)}\text{SFC}_{\text{ME}(i)}\right)\left(C_{\text{FME}(i)} + C\right) + P_{\text{AE}}\text{SFC}_{\text{AE}}\left(C_{\text{FAE}} + C\right)}{\text{capacity}V_{\text{ref}}}
\tag{4-4}
$$

$$
\text{LCA-GWP} = \frac{\left(\sum_{i=1}^{n\text{ME}} P_{\text{ME}(i)}\text{SFC}_{\text{ME}(i)}\right) \cdot \left[\sum_{j=1}^{k} \text{GWP}_j\left(C_{\text{FME}(i)(j)} + C_{(j)}\right)\right]}{\text{capacity}V_{\text{ref}}}
$$
$$
+ \frac{P_{\text{AE}}\text{SFC}_{\text{AE}}\left[\sum_{j=1}^{k} \text{GWP}_j\left(C_{\text{FAE}(j)} + C_{(j)}\right)\right]}{\text{capacity}V_{\text{ref}}}
\tag{4-5}
$$

式中，$P_{\text{ME}(i)}$ 为每台主机 75%的额定功率(kW)；$\text{SFC}_{\text{ME}(i)}$ 为每台主机 i 的燃料消耗率(g/(kW·h))；P_{AE} 为最大海况下保证船舶按照设计状态运营的辅机功率(kW)；SFC_{AE} 为辅机的燃料消耗率(g/(kW·h))；$C_{\text{FME}(i)}$ 为主机 i 的 CO₂ 排放因子(g/g)；C_{FAE} 为辅机的 CO₂ 排放因子(g/g)；C 为燃料生产过程的 CO₂ 排放因子(g/g)；j 为温室气体类型；GWP_j 为温室气体 j 对应的全球变暖潜势(g/g)；$C_{\text{FME}(i)(j)}$ 为主机 i 的温室气体 j 的排放因子(g/g)；$C_{\text{FAE}(j)}$ 为辅机的温室气体 j 的排放因子(g/g)；$C_{(j)}$ 为燃料生产过程温室气体 j 的排放因子(g/g)；capacity 为载货量(t、TEU、人)，视情况确定；V_{ref} 为设计航速(kn)。

(2) 排放系数的选取

排放系数是指排放物在某一活动下产生的比例。EEDI 计算时，IMO 给出的排放因子是基于燃料含碳量的无量纲转化系数。Mei 等[49]在研究中指出，船舶生命周期内 CO₂、CH₄ 和 N₂O 三种排放物的排放量约占温室气体排放总量的99%，在船舶生命周期温室气体排放的分析中可只考虑 CO₂、CH₄、N₂O 三种排放物的影响，因此 LCA-GWP 能效模型仅考虑 CO₂、CH₄ 和 N₂O 三种排放物。由于收集的资料有限，本书仅给出 HFO、MGO、LNG 三种常用船舶燃料生产和燃烧过程中的排放系数，如表 4.17 和表 4.18 所示。燃料生产过程中的排放系数取自 Bengtsson 等[12]的研究报告；燃料燃烧过程中的排放系数取自 IMO 批准的《2014 年第三次温室气体研究》[7]。

表 4.17　不同燃料生产过程对应的排放系数

排放因子	HFO	MGO	LNG
$CO_2/(t/t)$	2.693×10^{-1}	3.013×10^{-1}	3.013×10^{-1}
$CH_4/(t/t)$	2.944×10^{-3}	3.348×10^{-3}	2.042×10^{-3}
$N_2O/(t/t)$	6.958×10^{-6}	8.756×10^{-4}	1.704×10^{-4}

表 4.18　不同燃料燃烧过程对应的排放系数

排放因子	HFO	MGO	LNG
$CO_2(t/t)$	3.114	3.206	2.750
$CH_4/(t/t)$	6.000×10^{-5}	6.000×10^{-5}	5.120×10^{-2}
$N_2O/(t/t)$	1.600×10^{-4}	1.500×10^{-4}	1.100×10^{-4}

此时,LCA 能效模型分别用 LCA-CO_2 指数和 LCA-GWP 指数来表征船舶 CO_2 和温室气体排放的能效水平。因此,可以借助表 4.16 中的全球变暖潜值将温室气体排放量转换为二氧化碳当量(CO_2 eq.)(表 4.19)。

表 4.19　不同燃料生产、燃烧过程中对应的排放系数(CO_2eq.)

排放因子	HFO	MGO	LNG
生产/(t/t)	3.450×10^{-1}	6.459×10^{-1}	4.031×10^{-1}
燃烧/(t/t)	3.163	3.252	4.063

4.3.3　系统的计算流程与功能模块

基于 LCA 方法,我们构建船舶生命周期环境影响模型和能效模型。对船舶展开 LCA 是一个极其耗费时间和金钱的过程,而船舶在初步设计阶段往往有时间限制,为方便 LCA 方法的快速实施,利用 C#编程语言开发船舶生命周期环境影响与能效评价系统。该系统可以在设计初始阶段对船舶的环境性能进行快速估算,为船型方案的环境性能评估提供参考。

(1) 系统的计算流程

使用微软公司的 SQL Server 2008 数据库管理系统和 Visual C# 2010 开发基于 LCA 的船舶环境影响与能效评价系统。该系统在设计时以 LCA 的四个基本步骤为主线,同时结合内容将不确定性分析和基于 LCA 的能效模型融入其中。整个计算流程如图 4.8 所示。

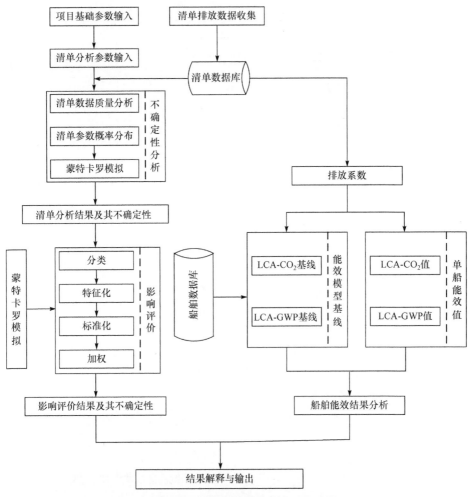

图 4.8　船舶生命周期环境影响评价系统计算流程

(2) 系统的功能模块设计

如图 4.9 所示，对系统进行功能设计时可主要分为 6 个模块，即项目、清单分析、影响评价、能效计算、结果解释、数据库。

① 项目模块主要包括：项目新建、保存和退出。在对某型船舶进行环境影响评价时需先新建项目，完成项目名称、创建人、创建时间、项目描述、目的范围、主要船型参数等信息的输入。此部分涵盖 LCA 四个步骤的第一步，即目的和范围的确定。

② 清单分析模块主要包括：参数输入、数据质量分析和清单计算。参数输入是指输入船舶生命周期各个阶段相关的参数，为后面的清单计算服务。数据质量分析是指根据数据质量指标矩阵对每条清单数据的质量进行评估。清单计算是指

将单元过程与清单数据关联，计算船舶生命周期内环境排放的过程。

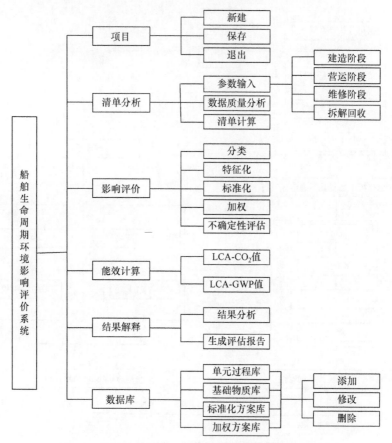

图 4.9　船舶生命周期环境影响评价系统功能模块设计

③ 影响评价模块主要包括：分类、特征化、标准化、加权和不确定性评估。分类、特征化、标准化和加权是影响评价过程常见的四个技术步骤。通过这四个步骤可以根据不同环境影响类型的重要性得到一个综合性的环境影响指标。不确定性评估是指采用蒙特卡罗法模拟清单数据的不确定性在环境影响评价模型中的传播，并量化结果不确定性的大小。

④ 能效计算模块主要包括：参数输入和能效计算。对船舶的 LCA-CO$_2$ 值和 LCA-GWP 值进行计算，并将计算结果与前文研究得到的能效基线相对比，评估船舶的能效水平。当前 LCA 方法在船舶行业的应用大多数用于环境指标评估。能效评估是对 LCA 方法在船舶行业应用的拓展，旨在更全面地考虑船舶的能效问题。

⑤ 结果解释模块主要包括：结果分析和生成评估报告。结果分析主要采用统

计图的形式分析船舶环境影响评价结果。评估报告是借助水晶报表(crystal reports)生成的。生成的评估报告主要包括项目信息、评价结果、不确定性分析结果、能效计算结果四部分内容。

⑥ 数据库模块为船舶 LCA 的实施提供数据支持，是整个系统中相当重要的一个功能模块。数据库设计的好坏将直接影响整个评价系统的计算效率、结果的准确性和系统的实用程度等。为便于数据的管理，将系统需要用到的数据分为单元过程库、基础物质库、标准化方案库和加权方案库。其中，单元过程库是指船舶生命周期内各工艺过程的排放清单；基础物质库是指船舶生命周期内需要用到的各种原材料生产过程中的排放清单；标准化方案库是指不同的环境影响类型标准化方案；加权方案库是指环境影响类型间不同的加权方案。

4.4　绿色江海直达船型方案环境负荷分析与方案比选的系统应用

4.4.1　系统界面展示

(1) 新建项目

为了更清晰地展示系统，同时分析系统的可行性和评价效果，以某 943TEU 江海直达集装箱船为例,对本书构建的船舶生命周期环境影响评价系统进行验证。

在使用本系统前应先登录，系统的登录界面如图 4.10 所示。系统的主界面如图 4.11 所示。一个完整 LCA 过程即一个项目，点击项目下拉框中的"新建"按钮，进入项目信息界面。如图 4.12 和图 4.13 所示，该界面主要包括"项目信息"和"船舶参数"两部分。完成 943TEU 江海直达集装箱船环境影响评价项目的相关输入后，点击"保存"按钮，系统将保存输入的项目信息和船舶参数信息。

图 4.10　系统登录界面

图 4.11　系统主界面

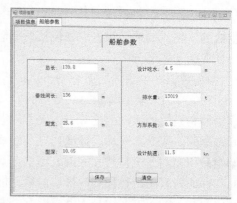

图 4.12　项目信息输入界面　　　　　图 4.13　船舶参数输入界面

(2) 清单分析环节

首先在参数输入界面输入 943TEU 江海直达集装箱船生命周期各阶段的参数 (图 4.14)。以船舶建造阶段为例，需要输入消耗的原材料重量、运输数据、板材面积、切割面积、焊接距离等数据。这些数据可以直接输入数值，也可以从软件中选择合适的方法估算。

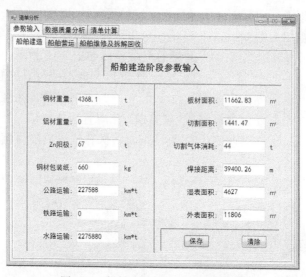

图 4.14　船舶建造阶段参数输入界面

清单数据的质量对评估结果有很大影响，为评估结果的不确定度，需要在此阶段完成清单数据的质量分析。如图 4.15 所示，根据研究的对象和目的，从可信度、代表性、时间相关性、地理相关性和技术相关性五个方面对每项清单数据的数据质量进行打分评估。

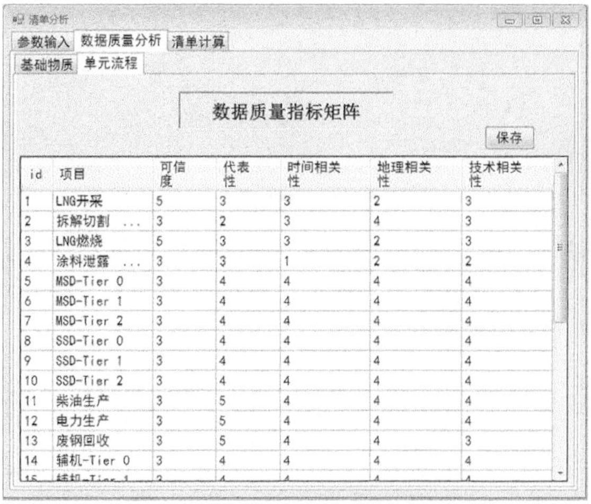

图 4.15　清单数据质量评估界面

清单计算是将船舶生命周期各阶段的单元过程与清单数据库中的清单数据相关联，从而计算各阶段 CO_2、CH_4、N_2O 等排放物的排放量。完成相关输入后，即可进行清单排放计算。如图 4.16 所示，点击清单计算界面的"结果计算"按钮即可完成计算。

图 4.16　清单分析结果界面

(3) 影响评价环节

在完成清单分析的基础上进入影响评价环节，影响评价界面包含五个子功能区。在环境影响分类功能区可以看到评价系统的环境影响分类方案；在特征化、标准化、加权子功能区分别点击"结果计算"按钮可得相应的评估结果(图 4.17)。

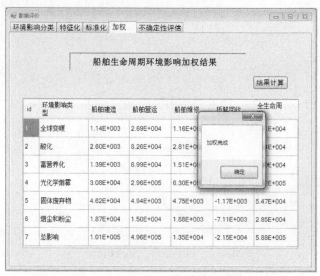

图 4.17　加权后的环境影响评估结果

　　评估结果的不确定性评估主要包括排放物计算结果的不确定性、环境影响类型计算结果的不确定性、生命周期阶段计算结果的不确定性。图 4.18 所示为不同环境影响类型的不确定性评估结果。

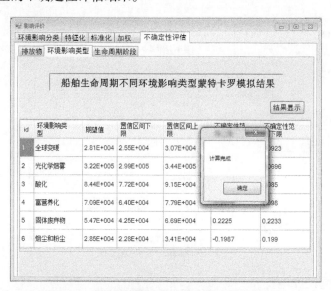

图 4.18　不同环境影响类型的不确定性评估结果

4.4.2　能效计算与结果解释

　　该模块主要根据船舶 LCA 能效模型对船舶的能效水平进行分析。图 4.19 和

图 4.20 所示为 LCA-CO_2 和 LCA-GWP 能效指数计算结果。

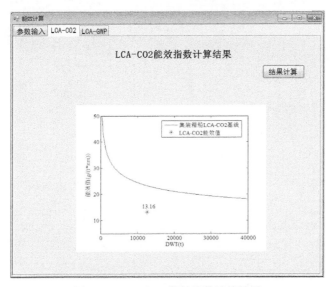

图 4.19　LCA-CO_2 能效指数计算结果

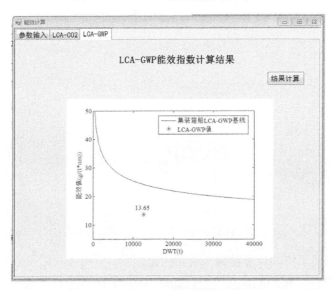

图 4.20　LCA-GWP 能效指数计算结果

结果分析主要是采用统计图的形式分析影响评估结果，如图 4.21～图 4.23 所示。

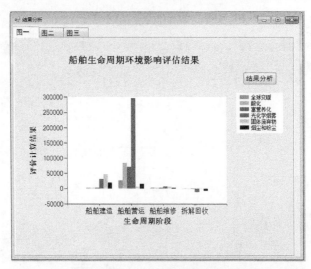

图 4.21　船舶生命周期环境影响评估结果

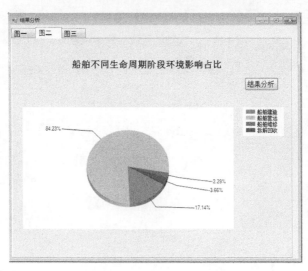

图 4.22　船舶不同生命周期阶段环境影响占比

　　用户可以将最终的评价结果生成评估报告，并且可以自定义路径实现对项目评估报告的保存。系统提供 pdf、xls、doc、xml 等 10 种文件类型，用户可以根据需求选择相应的文件类型。

　　船舶建造阶段对整个生命周期环境影响的贡献率为 17.14%，可分为两个阶段，一是原材料的生产运输，二是船厂建造过程。原材料生产运输过程的环境影响主要来自钢材生产，为减少此部分排放，在船舶设计时，应在保证船体强度的同时，尽可能减轻空船重量。此外，合理的规划物流运输方式也能减少环境排放。

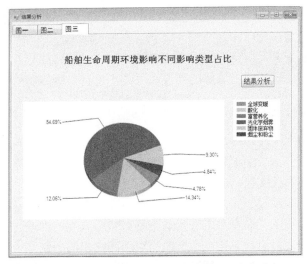

图 4.23　船舶生命周期环境影响不同影响类型占比

船舶在船厂建造时产生的环境影响主要来自各工艺过程。为减少船舶排放，此阶段采用绿色焊接技术、绿色加工工艺就显得尤为重要。船舶运营周期较长且期间会消耗大量的燃料，因此运营阶段对整个生命周期环境影响的贡献率高达84.23%。降低运营阶段的环境影响可从三个方面入手。一是在设计时提高船舶的整体性能，二是优化船舶运营过程，三是采用清洁能源。由于船舶维修过程存在较大的不确定性，环境影响评价模型对该部分进行了简化处理，最终计算得出船舶维修阶段对整个生命周期环境影响的贡献率为 2.29%。另外，需要注意的是，拆解回收阶段的环境影响潜值为负值，这主要是因为钢材的回收对环境影响的抵消作用，而且此阶段也仅考虑水射流喷砂、船体切割和材料回收过程的排放，未考虑其他工艺过程的排放。改善拆解回收阶段的环境性能可从设计的可拆卸性和材料的循环利用方面着手。

　　从环境影响类型来看，经过环境影响分类和特征化之后的全球变暖潜值、光化学臭氧生成潜值、酸化潜值、富营养化潜值、固体废弃物、PM 的环境影响潜值分别为 $2.95×10^8$ kg CO_2eq.、$2.86×10^5$ kg C_2H_4eq.、$5.73×10^6$ kg SO_2eq.、$6.02×10^6$ kg NO_3eq.、$2.21×10^7$ kg 固废 eq.和 $8.40×10^5$ kg PMeq.。单从数值来看，全球变暖的环境影响潜值最大，光化学臭氧生成潜值的环境影响潜值最小。经过标准化和加权后，光化学臭氧生成潜值、酸化潜值、富营养化潜值、固体废弃物、PM 和全球变暖潜值六种环境类型影响占生命周期环境影响的比例分别为 54.69%、14.34%、12.06%、9.30%、4.84%和4.78%。此时，光化学臭氧生成潜值占的比例最高，全球变暖潜值和 PM 所占的比例较低。造成这种结果的主要原因是在标准化过程考虑实际的环境负荷，同时加权过程也考虑我国当前的环境政策和减排计划。为保证结果的准确性，不同地区应根据当地实际的环境状况选取合适的标准化基准和加权方案。

从能效方面来看，LCA-CO_2 指数和 LCA-GWP 指数分别为 13.16 和 13.65，均处于基线下方。这说明，该船的能效水平高于现有入级船舶的平均水平。

4.4.3　船型方案环境负荷分析与方案比选的应用

背景船型是本书作者参与设计的重庆至洋山江海直达集装箱示范船。该船适合中国沿海及长江 A、B 航区航行，可以从重庆直达洋山/北仑港，属于换代开发的新产品，目前尚无实船。本书提出的方案船型采用常规推进形式，由两台中速柴油机配齿轮箱驱动定距桨推进，配备两台由液压舵机驱动的悬挂舵。该船为单甲板的敞口集装箱船，设有双层底，采用垂直艏、方艉的形式，主机位于船尾。船型为宽扁型超规范设计，通盘考虑船闸对船舶吃水的限制和长江主航道的维护水深。参考中国船级社推荐的新型长江"一闸两船"集装箱船主尺度调整方案。主尺度如表 4.20 所示。

表 4.20　主尺度

参数	值
总长/m	114.00
垂线间长/m	111.00
型宽/m	22.00
型深/m	7.90
设计吃水/m	3.50
结构吃水/m	4.50
设计载重量/t	4553.00

在上述标准船型的基础上，可以利用绿色船舶技术对方案进行改进。

① 更换主机类型，采用 LNG 与 MDO 双燃料推进方式，提出双燃料推进方案。

② 通过改变船舶的型深，提出超规范干舷设计的船型方案。

③ 双燃料主机结合超规范干舷设计的船型方案。

④ 通过计算流体力学、型线优化软件(SHIPFLOW)和船模实验，优化船体型线，减少船体阻力，提高航速或降低主机需要的功率，同时考虑耐波性，进行船舶综合性能优化，设计主机燃料消耗降低 10%的船型方案。

⑤ 通过结构轻量化设计，提出船体重量降低 10%的船型方案。

(1) LNG 与 MDO 双燃料推进方案的环境评价对比分析

应用 LCA 平台及计算方法，双燃料标准干舷船型方案影响评价结果如图 4.24 所示。标准船型与双燃料船型影响评价对比如图 4.25 所示。

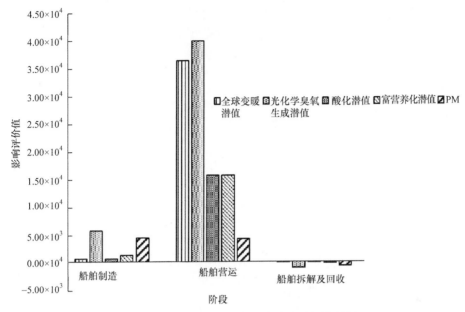

图 4.24　双燃料标准干舷船型方案影响评价结果

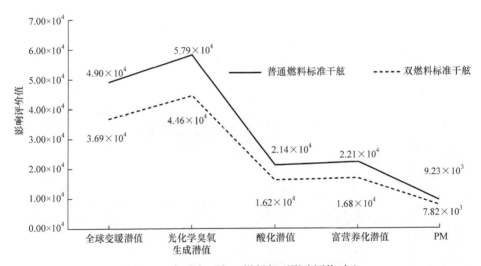

图 4.25　标准船型与双燃料船型影响评价对比

从图 4.24 与图 4.25 对比结果不难发现，采用双燃料主机后，全球变暖潜值、光化学臭氧生成潜值、酸化潜值、富营养化潜值、粉尘这五个影响类别的评价结果均优于普通单燃料船型。这明显突出了双燃料船舶的优势，但因为该船舶将来要航行于三峡库区，属于过闸船舶，所以其 LNG 液舱容积是受到法规限制的。其装载的 LNG 体积无法满足全部航行需要，所以无法采用 LNG 单燃料主机。

(2) 超规范干舷设计方案的环境影响对比分析

根据评价结果，标准干舷与非标准干舷船型方案对比如图 4.26 所示。

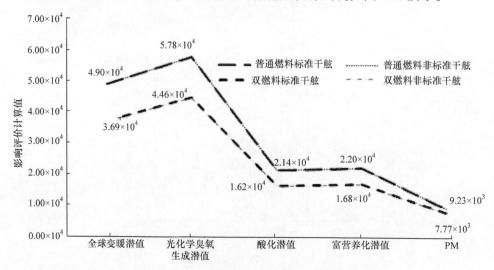

图 4.26　标准干舷与非标准干舷船型方案对比

可以发现，同一主机类似，标准干舷与非标准干舷两种船型方案间的评价结果无明显差异，说明通过干舷减少来调整船舶型深对环境影响并不明显。根据本评价方法分析，可以发现干舷的改变造成船舶重量变化比例过小，所以呈现评价结果十分接近的情况。

(3) 燃料消耗降低 10% 的船型方案

标准方案与节能方案影响评价对比如图 4.27 所示。

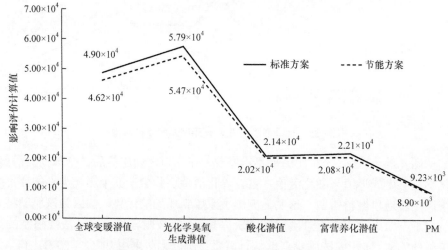

图 4.27　标准方案与节能方案影响评价对比

(4) 结构轻量化设计方案

假设采用各种优化手段能够使船体重量减少 10%，那么对该方案进行 LCA，如图 4.28 所示。

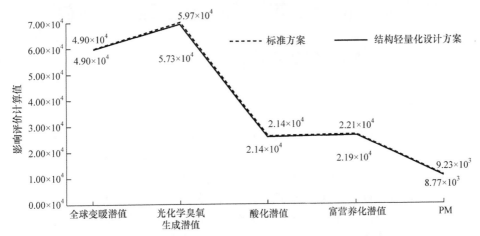

图 4.28　标准方案与结构轻量化设计方案用影响评价结果对比

从图 4.28 可以发现，采用轻量化方案后，环境评价结果的变化同样不明显。

4.5　本 章 小 结

本章提出船舶在应用 LCA 时可以采用的四种简化思路，并结合实例介绍两种简化方法。简化 LCA 过程是相对简单的，可以省去极为复杂的数据收集过程，降低评价的成本，提高评价效率；构建船舶 LCA 能效模型，并给出三种常用船舶燃料生产和燃烧过程中的排放系数；借助 SQL Server 2008 构建船舶环境影响清单数据库，采用 Visual C# 2010 开发船舶生命周期环境影响与能效评价系统。该系统可以在船型方案设计阶段快速评估船舶的环境性能，并找出环境改善的关键点，对实现船舶绿色设计具有指导意义。最后，对江海直达船型进行实践应用。

第 5 章　低碳背景下江海直达船队综合优化

5.1　船舶排放控制区及其对策

5.1.1　船舶排放控制区

船舶排放控制区(emission control area, ECA)政策旨在减少船舶在规定区域内的氮氧化物和硫氧化物的排放。该政策虽然并未直接对碳排放做出约束，但是会促使船舶转变运营方式，从而间接影响 CO_2 的排放。

2008 年，MEPC 对《防污公约》附则 VI 进行最终修订，设定了硫化物减排的国际化标准[29,50]。与此同时，《防污公约》划定了四个国际排放控制区，分别为波罗的海排放控制区、北海排放控制区、北美排放控制区、美国加勒比海排放控制区。在排放控制区内部，其硫化物排放标准更加严格。国际范围及排放控制区硫化物减排实施计划如图 5.1 所示。

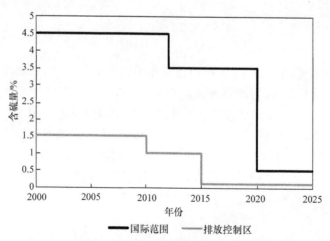

图 5.1　国际范围及排放控制区硫化物减排实施计划

5.1.2　我国内河排放控制区政策

我国内河流域也在积极引入排放控制区政策。长三角、珠三角及环渤海水域已于 2016 年 1 月 1 日正式设立船舶排放控制区，船舶在上述区域航行或停泊时应按规定使用低硫油或替代措施。目前，我国船舶排放控制区政策正在逐步完善中。

5.1.3　排放控制区影响及其应对措施

排放控制区的实施将对船舶运营及船队发展策略产生较大影响，因为低硫油的价格普遍为 HFO 价格的 1～2 倍，且随着排放控制区政策的不断推进，二者价格差异将越来越大，导致燃料成本持续上升，使船舶运营总成本以较大的幅度增长。排放控制区对于航运业的影响体现在方方面面，例如船舶可能绕过排放控制区而航行更远的距离。这会使船舶消耗更多的燃料，导致碳排放上升。对于必须经过排放控制区的船舶而言，由于运输成本上升，可能使货物运输方式由航运业转变为陆路运输。这也将进一步引起 CO_2 排放的增加[51]。

内河船舶排放控制区政策已在我国部分地区逐步实施，因此提出有效的应对措施显得尤为紧迫。针对排放控制区政策，目前主要有三种应对措施[52]。

① 燃料转换，即船舶在排放控制区使用低硫油，在非排放控制区使用HFO。

② 加装尾气处理装置。尾气处理装置可以过滤船舶尾气中的硫氧化物，因此采用此种措施的船舶在排放控制区可以继续使用 HFO。

③ 使用 LNG 等清洁能源。LNG 作为一种清洁能源，能大大减少尾气排放，使用 LNG 作为燃料可使船舶满足排放控制区的排放要求。

由于 LNG 技术尚不成熟，且使用 LNG 作为燃料需要有足够的加注站作为支撑，因此这种措施还未得到普及。对于船舶运营而言，较为可行的是前两种方式，我们用"对策 1"和"对策 2"表示。下面通过实例探讨这两种排放控制区对策的优缺点及对单船运营产生的影响。

5.1.4　基于实例的排放控制区对策分析

我们选取武汉至洋山航线的载箱量为 424 的江海直达船作为计算对象。船舶排放控制区域划分如表 5.1 所示。424TEU 江海直达集装箱船要素如表 5.2 所示。下面以单船往返航次运营成本最低为目标，分析对策 1 和对策 2 下的船舶最佳航速，探讨这两种排放控制区对策对船舶航速、成本及排放的影响。

表 5.1　武汉至洋山航线船舶排放控制区域划分

航段	区域	航距/n mile
武汉—南京	非排放控制区	396
南京—洋山	排放控制区	211

表 5.2　　424TEU 江海直达集装箱船要素

要素	值
船长 L_{pp}/m	122.8
船宽 B/m	18.8
型深 D/m	8.3
设计吃水 T_d/m	4.5
结构吃水 T_s/m	6.0
设计航速 V_s/kn	11.88
主机功率/kW	1980

　　用于加装尾气处理装置的费用属于前期投入，不计入航次运营成本，将在后续计算中单独考虑。假定在这两种对策下，船舶往返航次的固定成本相同，因此优化目标可简化为航次燃料费最低。另外，由于辅机燃料消耗与航速无关，对于所研究的问题并无太大影响，因此这里只考虑主机燃料消耗。

　　大量模型实验表明，船舶主机单位时间内的燃料消耗量近似与航速的三次方成正比，因此在计算燃料消耗量时常采用三次函数关系进行简化[53,54]。然而，在实际运营过程中，往往只能获取部分离散航速下的燃料消耗量。424TEU 集装船燃料消耗数据及加权线性组合法图解如图 5.2 所示。我们以三个数据点为基础，采用加权线性组合的方法拟合某实际航速下的燃料消耗量，以实现对非线性优化问题的线性转化。Andersson 等[55]阐述了该方法的原理及操作流程，并证明其拟合精度较高。

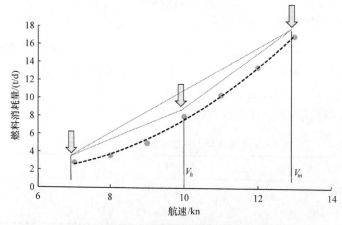

图 5.2　424TEU 集装船燃料消耗数据及加权线性组合法图解

　　在上述假设的基础上，可以建立两种对策下单船往返航次成本最低模型。

对策 1 目标函数为

$$\min Z_1 = \sum_{v \in V} (P^{nE} F_v^{nE} \omega_v^{nE} + P^E F_v^E \omega_v^E) \tag{5-1}$$

对策 1 约束条件为

$$\sum_{v \in V} \omega_v^{nE} = 1 \tag{5-2}$$

$$\sum_{v \in V} \omega_v^E = 1 \tag{5-3}$$

$$0 \leqslant \omega_v^{nE} \leqslant 1 \tag{5-4}$$

$$0 \leqslant \omega_v^E \leqslant 1 \tag{5-5}$$

$$t_V \leqslant t_{\max} \tag{5-6}$$

对策 2 目标函数为

$$\min Z_2 = \sum_{v \in V} P^S F_v^S \omega_v^S \tag{5-7}$$

对策 2 约束条件为

$$\sum_{v \in V} \omega_v^S = 1 \tag{5-8}$$

$$0 \leqslant \omega_v^S \leqslant 1 \tag{5-9}$$

$$t_V^S \leqslant t_{\max} \tag{5-10}$$

式中，Z_1 和 Z_2 为两种对策下的目标函数，表示船舶采用对策 1 和对策 2 时的往返航次成本；ω_v^{nE}、ω_v^E、ω_v^S 为决策变量集合，前两者表示采用对策 1 时船舶在非排放控制区航段和排放控制区航段航行时航速 v 的权重集合，ω_v^S 表示船舶采用对策 2 时在整个航线上航行时航速 v 的权重集合，$v \in V = \{V_1, V_m, V_h\}$ 表示航速插值点，分别取船舶运营航速最小值、中间值及最大值；P^{nE}、P^E 表示船舶采用对策 1 时在非排放控制区航段和排放控制区航段航行所用燃料价格，此处取 2500 元/t、4500 元/t；P^S 为船舶采用对策 2 时所用燃料价格，同样为 2500 元/t；F_v^{nE} 和 F_v^E 表示采用对策 1 以航速 v 往返航行时在非排放控制区航段和排放控制区航段的燃料消耗量；F_v^S 表示采用对策 2 时船舶在整个航线上以航速 v 往返航行时的燃料消耗量；t_V 和 t_V^S 表示船舶采用对策 1 和对策 2 时的往返航次时间，可通过下式计算，即

$$t_V = \sum_{v \in V} (\omega_v^{nE} t_v^{nE} + \omega_v^E t_v^E)$$

$$tVS = \sum_{v \in V} \omega_v^S t_v^S$$

式中，t_v^{nE} 和 t_v^E 表示船舶采用对策 1 时，在非排放控制区航段和排放控制区航段以航速 v 往返航行所用时间；t_v^S 表示船舶采用对策 2 时在整个航线上以航速 v 往返航行所用时间。

采用线性优化方法求解该优化模型，可得两种对策下船舶的最佳航速及往返航次燃料成本。在燃料消耗的基础上，根据表 5.3 中不同燃料的碳转换系数可以得到两种对策下船舶的排放水平。

表 5.3　不同燃料的碳转换系数

燃料类型	参考等级	二氧化碳当量	C_F/(t/t)
MDO/MGO	ISO 8217 DMX 至 DMB 级	0.8744	3.206
LFO	ISO 8217 RMA 至 RMD 级	0.8594	3.151
HFO	ISO 8217 RME 至 RMK 级	0.8493	3.114
LPG	丙烷	0.8182	3.000
	丁烷	0.8264	3.030
LNG	—	0.7500	2.750

为进一步探讨排放控制区的实施对单船的影响，我们将不考虑排放控制区政策时的单船运营优化结果作为第三种方案。假设航线无排放控制区，船舶在整个航线均可使用 HFO，因此其最佳航速与对策 2 相同。在实际情况下，船舶在排放控制区必须使用低硫油，因此该种方案下船舶实际成本比对策 2 要大。不同排放控制区对策下单船运营优化结果如表 5.4 所示。

表 5.4　不同排放控制区对策下单船运营优化结果

对策	航速/kn		燃料成本/万元	碳排放量/t
	非排放控制区区	排放控制区区		
对策 1：燃料转换	9.04	7	9.63	100.59
对策 2：尾气处理	8.33		8.02	99.85
不考虑排放控制区实施	8.33		10.25	100.88

上述计算并未考虑船舶加装尾气处理装置的初始投资。该笔投资与主机功率有关，据国外相关机构统计，每千瓦主机功率的建设费用为 118 欧元[56]。在考虑初始投资的情况下，按照表 5.4 中最优方案航行时，船舶的运营成本及排放量随

时间变化的情况如图 5.3 和图 5.4 所示。

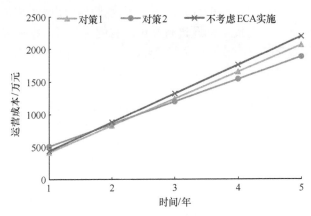

图 5.3　不同排放控制区对策下单船运营成本随时间变化

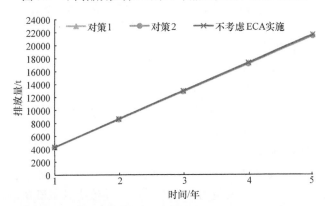

图 5.4　不同排放控制区对策下单船排放量随时间变化

对上述计算结果进行分析可得以下结论。

① 采用燃料转换对策时,船舶在排放控制区航段采取降速航行的方式减少高价 MGO 的消耗,在非排放控制区航段加速航行以弥补损失的时间。

② 采用尾气处理对策时,船舶航次运输成本较小,但需要较大的初始投资。

③ 若不考虑排放控制区的实施,不采取任何措施时,航次成本和排放量均最大。

④ 由图 5.3 和图 5.4 可知,初期采用对策 2 的成本大于对策 1,在船舶运营 2～3a 时,两种对策下船舶成本基本持平,此后对策 2 的成本将低于对策 1;对策 2 的排放量始终低于对策 1。

由此可对排放控制区政策下的单船运营做出如下建议,即当船舶短期运营时,推荐采用燃料转换的方式应对排放控制区的实施;若船舶服务年限较长,则采取尾气处理的方式。

相对于单船运营，船队的运输决策更加复杂，并且其带来的运输成本和排放问题会更加显著，因此在船队的优化过程中考虑排放控制区影响是十分重要的。目前，国内还没有学者对此类问题进行探讨。我们将对考虑排放控制区的江海直达船队优化问题展开研究，基于上述应对措施，研究排放控制区背景下船舶最佳运营方式及船队更新策略，并进一步分析排放控制区对船队成本和碳排放量的影响。

5.2　江海直达班轮设计航速模型

5.2.1　班轮设计航速影响因素分析

江海直达集装箱运输属于班轮运输。班轮运输是一种具有固定航线、固定停靠港口、固定班期的运输方式。在全球经济衰退的大环境下，江海直达运输面临巨大的挑战，因此江海直达班轮的合理运营显得至关重要。航速是班轮运营中的一个关键参数，在决策江海直达船设计航速时应综合以下因素。

(1) 班期稳定性因素

班轮运营具有较强的稳定性，而这一稳定性在很大程度上是由固定的班期体现的。班期表规定了船舶每个航次停靠及驶离港口的时间，这便对船舶的航速有一个具体的要求。考虑航行过程中的各种不确定因素，如恶劣天气、航线拥挤等，船舶的设计航速会保留一定的裕度。

(2) 船型特征及性能因素

江海直达船为中低速宽扁船型，设计航速范围为 11～14kn。由于船体型线丰满，随着航速的增大，其兴波阻力会急剧增加，导致所需主机功率较大，并且由于横摇周期较小，过大的航速会加剧船舶的横摇运动，不利于其航行安全，因此江海直达船设计航速不应选取过大。此外，考虑内河流域水流的影响及船舶入海时的失速效应，航速过小会导致船舶抵抗外界载荷的能力变弱。

(3) 航道条件及航行安全

江海直达船航行于跨域江段和海段，航道条件复杂，不同航区的航道情况及水文条件对船舶航速的选择会产生不同的影响。受内河航道水深季节性变化影响，在枯水期时某些航段水深较浅，船舶航行时存在浅水效应，会使船舶航行阻力增加，航速降低。当船舶航行于弯曲航道及由江入海时，会减速来保证航行安全[32]。因此，在决策船舶航速时必须考虑外界环境的影响。

(4) 成本及排放限制

由于船舶单位时间燃料消耗量与航速三次方近似成正比，因此采用较小的航速就可有效地减小燃料成本及碳排放量。然而，航速太低会大大延长货物运输时间，增大货物损耗，还存在使货主错失盈利机会的风险。对于班轮运输而言，在一定的运输需求及发班频率的要求下，航速降低会引起配船数量的增大，进而引起总成本的上升，因此采用过低的航速是不可取的，应针对具体问题做出合理的选择。

5.2.2 基于惩罚成本的航速模型构建

(1) 江海直达船燃料成本计算

江海直达船同时航行于内河与海域之间，其燃料消耗情况会随航行季节及航行区域发生变化。在枯水期(12～3 月)和丰水期(4～11 月)，由于水深条件不同，船舶装载情况也会不同，若船舶实际吃水大于设计吃水，则船舶实际航速会小于设计航速，导致燃料消耗量发生变化，同时枯水期和丰水期的水流速度也会对船舶航速产生影响；船舶在内河弯曲航道航行及由江入海的过程中，均会产生失速效应，使其航行阻力发生变化。因此，在计算江海直达船的燃料成本时，应同时考虑航行季节及航行区域对燃料消耗的影响。其关键步骤如下。

① 船舶阻力及主机功率计算。船舶阻力与航行环境、船舶航速 V、吃水 t、棱形系数 C_p 等诸多船型参数有关。在初步设计阶段采用 lap 法计算船舶在设计载况下的阻力来实现主机选型，同时考虑船舶在其他载况时的阻力来计算在实际航行中的燃料消耗。

总阻力系数 C_t 可表示为

$$C_t = \left[9.51e^{1.5\frac{0.5144V}{\sqrt{C_p L_{pp}}}} + 117.6(C_p - 0.8) \right] K_1 K_2 + \frac{178.1}{\lg\frac{L_{pp}V \times 0.5144}{1.188 \times 10^{-6}}} - 0.1 \quad (5\text{-}11)$$

式中，V 为船舶航速(kn)；C_p 为棱形系数；L_{pp} 为船舶垂线间长(m)；K_1、K_2 为系数，即

$$K_1 = 3.106 - 0.34 L_{pp} / B \quad (5\text{-}12)$$

$$K_2 = C_m Bt / (3.14\nabla^{1/3} + 0.5 L_{pp}) / \nabla^{1/3} \quad (5\text{-}13)$$

式中，C_m 为中横剖面系数；B 为船宽(m)；t 为船舶实际吃水(m)；∇ 为船舶排水体积(m³)。

船舶航行总阻力 R_V 为

$$R_V = 52.25 \times 10^{-3} C_t \times 0.5144 V \nabla^{1/3} \left(3.4\nabla^{1/3} + 0.5 L_{pp} \right) \left[1 + 0.05 \left(B / t - 2.4 \right) \right] \quad (5\text{-}14)$$

由船舶航行阻力可得船舶有效功率，即

$$P_E = 9.8066 R_V \times 0.5144 V \times 10^{-3} \quad (5\text{-}15)$$

由船机桨匹配关系可得所需主机功率，即

$$P_S = \frac{P_E}{\eta_D \eta_S \gamma_1 \gamma_2 \gamma_3} \tag{5-16}$$

式中，P_S 为主机功率(kW)；η_S 为轴系效率，对于艉机型船一般取为 0.98；η_D 为标准船总推进系数；γ_1 为长度修正系数；γ_2 为方形系数修正系数；γ_3 为长宽比修正系数。

各系数计算公式如下，即

$$\eta_D = 0.8833 - 1.167 \times 10^{-4} (1.01 L_{pp})^{0.5} \tag{5-17}$$

$$\gamma_1 = 2.0333 \times 10^{-4} L_{pp} + 0.9898 \tag{5-18}$$

$$\gamma_2 = 0.9997 - 0.7676 Cb^{16.1} \tag{5-19}$$

$$\gamma_3 = 0.861 + 0.019 L_{pp} / B \tag{5-20}$$

当 $t \leqslant T_d$(设计吃水)时，$V = V_0$，此时可求得设计载况下所需的主机功率 P_S。在考虑一定功率储备的基础上对船型方案进行主机选型，可得主机额定功率。当 $T_d \leqslant t \leqslant T_S$(结构吃水)时，$V$ 可由一定裕度下的额定功率反推得到。

② 内河弯曲航道速降计算。当船舶在弯曲航道中航行时，可近似看作回转运动，由此产生的离心力会在一定程度上消耗船舶在前进方向的推力。由于船舶对弯曲航道中水流的扰动，船舶受到复杂的水动力作用，使其航行阻力增加，并且随着舵角及船尾水流的变化，螺旋桨推进效率可能随之下降。以上种种因素均会导致船舶前进速度降低，称为回转速降。船舶在弯曲航道中的速降 ΔV_b 可由下式近似计算，即

$$\Delta V_b = \frac{1.9 L_{pp}^2}{l^2 + 1.9 L_{pp}^2} V \tag{5-21}$$

式中，l 为航道弯曲半径(m)。

长江下游航道水流平缓，河道开阔，航行条件较为优越，其中部分重点维护航段航道弯曲半径已全部达到 1050m 以上。

③ 海上航行失速计算。当江海直达船由江段进入海上航行时，受海上波浪影响，船舶会出现失速现象。其表达式为

$$\Delta V_s = \frac{0.12(B/t)C_w}{[0.45(L_{pp}/100)^2 + 0.35 L_{pp}/100] L_{pp}} V \tag{5-22}$$

式中，ΔV_s 为失速(kn)；C_w 为浪级因子，即

$$C_w = K T_1 H_{1/3}^2 \tag{5-23}$$

式中,K 为修正系数,当 $L_{pp} \leqslant 150$ 时,$K = -0.05H_{1/3}+0.9$;$H_{1/3}$ 为波浪有义波高(m);T_1 为波浪特征周期(s)。

航行海域的波浪参数可以根据观测资料取 $H_{1/3}=1.1\text{m}$、$T_1=5.3\text{s}$。

考虑不同季节吃水的变化及航行失速的影响,船舶实际航速 v 可能出现以下几种情况,即

$$v = \begin{cases} V_0 - a\Delta V_b - b\Delta V_s, & t \leqslant t_d \\ V - a\Delta V_b - b\Delta V_s, & t_d < t \leqslant t_s \end{cases} \tag{5-24}$$

式中, a 和 b 为速降系数,根据航段不同,二者取值如下,即

$$\begin{cases} a = 0, b = 0, & \text{内河平直航段} \\ a = 1, b = 0, & \text{内河弯曲航段} \\ a = 0, b = 1, & \text{海段} \end{cases} \tag{5-25}$$

④ 燃料消耗计算。船舶燃料消耗量与船舶载况、主机功率、航行时间等因素有关。当船舶主机功率 P_S 不等于额定功率时,其燃料消耗情况与设计状况会有所区别。测试发现,大多数主机的燃料消耗率与负载存在如下关系,即

$$f_V = 1 - 0.13(1 - P_S / \text{MCR}) + 0.519(1 - P_S / \text{MCR})^2 \tag{5-26}$$

式中,MCR 为额定功率。

由此可得,船舶在单位时间内的燃料消耗情况,即

$$e_V = 10^{-6} \times k P_S g_0 f_V \tag{5-27}$$

式中,e_V 为船舶单位时间内的燃料消耗量(t/h);g_0 船舶在额定功率时的燃料消耗率(g/(kW·h));k 为考虑一切燃料装置的燃料消耗系数,可取 1.1~2。

在此基础上考虑航道水流速度 v_f 的影响,则船舶顺流、逆流航行时间为

$$\begin{cases} t_s^1 = \dfrac{\text{Dis}}{v + v_f} \\ t_s^2 = \dfrac{\text{Dis}}{v - v_f} \end{cases} \tag{5-28}$$

式中, t_s^1 和 t_s^2 为船舶顺流和逆流航行时间(h);Dis 为船舶航距(n mile),分不同航段考虑;v_f 为水流速度(kn)。

在枯水期和丰水期,v_f 取值会发生变化,本书取枯水期水流速度为 2kn,丰水期水流速度为 3.2kn。

综合考虑集装箱装卸效率及港口停靠时间,可得船舶往返航次时间,即

$$t_v = t_s^1 + t_s^2 + 2\left(\frac{\text{Teu}_v}{100} + \frac{\text{Teu}_v}{50}\right) + 36 \qquad (5\text{-}29)$$

式中，Teu_v 为船舶单航次实际装箱量，武汉新港装卸效率为 50TEU/h，上海港装卸效率为 100TEU/h；固定停泊时间取 36h。

经过以上推导，可得船舶往返航次的燃料成本，即

$$C_v = 10^{-4} c_f e_v t_s \qquad (5\text{-}30)$$

式中，C_v 为船舶往返航次燃料成本(万元)；c_f 为燃料价格(元/t)。

上述计算应分季节进行，然后将各季节燃料成本相加即可得到船舶全年航行的燃料成本。

另外，考虑江海直达运输为班轮运输，基于以上分析构建运输效率指标即可衡量船舶运输周转的快慢。该指标表征船型方案在单位时间内完成的运输任务，即

$$\text{EFF} = \frac{\text{Teu}_v}{T_v} \qquad (5\text{-}31)$$

(2) 惩罚成本函数构建

航运服务有两大关键指标，即运输经济性和运输效率。对于班轮运输而言，班期稳定性直接决定航线的服务质量。然而，受航运业景气程度的下降及船舶航行过程中各种不确定性因素的影响，船舶不能如期抵港的现象十分普遍。班期稳定性下降会带来一系列问题，如影响泊位调度、港口操作、下游供应链，甚至损害航线声誉等。因此，保持较高的准班率对于实现航线长期盈利是非常重要的。自 2011 年起，为提高武汉至洋山航线准班率，武汉市政府对江海直达船实行差异化补贴政策，对于 72h 内直达上海的船舶，每班次可获得 6～7.5 万的补贴，对于实现 48h 内到达的航班另外再奖励 2 万元。该奖励机制执行之后，航班准班率现已达 98.9%以上。

借鉴上述措施，本书研究建立惩罚机制，对延期的船舶施以惩罚，以表征由航次延误所带来的一系列损失，以此提高班期稳定性。与惩罚成本相关的一个概念是时间窗，可理解为对船舶到港所用时间的限制。目前采用最多的是硬时间窗约束，即船舶必须满足该时间窗约束，与之相对的是软时间窗约束。

软时间窗约束允许船舶一定限度地违背时间窗约束，并对船舶追加一定的费用作为惩罚。有研究表明，采用软时间窗约束可在保持较高运输效率的同时减小船舶运输成本。几种常用的惩罚成本函数如图 5.5 所示。其中，$[0, t_a]$ 为内时间窗，表示船舶到港所用时间最佳范围；$[0, t_b]$ 为外时间窗，船舶不得违背该时间窗约束；$[t_a, t_b]$ 为允许的时间干涉，在此范围内船舶需承担惩罚费用。根据惩罚方式的不同有多种函数表达式，如表 5.5 所示。

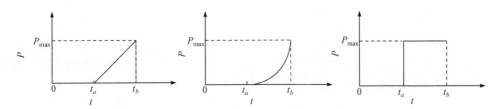

图 5.5　几种常用的惩罚成本函数

表 5.5　惩罚成本函数表达式

关系	函数表达式	变量范围
线性	$P(t_s) = m(t_s - t_a)$	$t_a < t_s < t_b$
	$P(t_s) = 0$	$0 < t_s \leqslant t_a$
二次	$P(t_s) = n(t_s - t_a)^2$	$t_a < t_s < t_b$
	$P(t_s) = 0$	$0 < t_s \leqslant t_a$
常数	$P(t_s) = P_{max}$	$t_a < t_s < t_b$
	$P(t_s) = 0$	$0 < t_s \leqslant t_a$

参考以上几种惩罚成本函数，本章的惩罚成本函数构建如下，即

$$P(t_s) = \begin{cases} c\dfrac{t_s - t_a}{t_b - t_s}, & t_a \leqslant t_s \leqslant t_b \\ 0, & 0 < t_s < t_a \end{cases} \tag{5-32}$$

式中，c 为惩罚成本系数，取 5 万元；软时间窗$[t_a, t_b]$主要根据江海直达船班期来确定，目前武汉至洋山江海直达航线一般要求船舶 72h 内直达上海，考虑顺水和逆水航行水流速度影响，以及海上航行不确定因素，对航行时间保留一定的裕度，初步设置为

$$(t_a, t_b) = \begin{cases} (48, 60), & 武汉—洋山 \\ (72, 84), & 洋山—武汉 \end{cases} \tag{5-33}$$

结合江海直达船燃料成本计算模型，可建立基于惩罚成本的班轮必要运费率指标，即

$$\mathrm{RFR}_P = \frac{1}{Q}\left[Y + P + \mathrm{CR}(I - \mathrm{PW} \cdot R)\right] \tag{5-34}$$

式中，Q 为船舶年运量；Y 为船舶年运营成本，由船舶船员费、保险费等固定成本及燃料费、港口费等变动成本构成；P 为全年惩罚成本，可由所有航次惩罚成本累加而来；CR 为资金回收因数；I 为船舶造价；PW 为现值因数；R 为船舶残

值，取船价的 10%。

下面以三艘典型的江海直达船型(表 5.6)为算例，研究在惩罚成本函数下船舶的必要运费率 RFR_P 与设计航速 V_0 的关系，其中设计航速 V_0 的取值必须使船舶在任何季节以实际速度 v 航行时均满足往返航行的外时间窗约束。

表 5.6　船型方案信息

装箱量/TEU	垂线间长/m	船宽/m	型深/m	设计吃水/m	方形系数	设计航速/kn	主机功率/kW
256	93.80	16.40	7.70	4.50	0.81	11.18	2280
424	122.8	18.8	8.3	4.5	0.8	11.88	2600
614	130	22	9.2	4.5	0.78	11.5	2000

基于惩罚成本的必要运费率与设计航速的关系如图 5.6 所示。惩罚成本与设计航速的关系如图 5.7 所示。

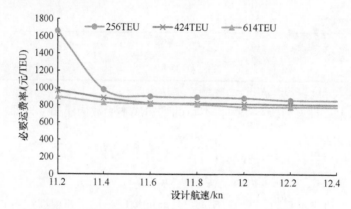

图 5.6　基于惩罚成本的必要运费率与设计航速的关系

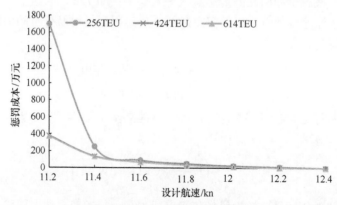

图 5.7　惩罚成本与设计航速的关系

对图表进行分析可以得到以下结论。

① 当三种船型方案的设计航速为 11.2kn 时，船舶单航次最大航行时间接近于 t_b。此时，由于惩罚成本函数的作用，导致其必要运费率比其他航速下增大 30%～80%。

② 在 11.2～11.6kn 范围内，RFR_P 和 P 随 V_0 下降较快。此后，随着设计航速的持续增大，二者变化程度较小，其中必要运费率 RFR_P 的降幅低于 5%。

③ 当 $V_0 = 12.4$kn 时，最大航行时间较接近 t_a，此时惩罚成本接近于 0。

④ 船舶载箱量越小，相同设计航速下的必要运费率及惩罚成本越大，且随着船舶载箱量的增大，RFR_P 和 P 随 V_0 的变化幅度减小，说明小型船受该惩罚成本函数的影响更加显著。

船舶最佳设计航速不仅由船舶经济性决定，更与船舶环保性能及技术先进性有较大关系，因此设计航速的优化要与船型方案优选同步进行。下面基于组合赋权法构建江海直达船型综合评价体系，并根据优化结果进一步验证惩罚成本函数的合理性。

5.3　基于排放控制区及航运业碳排放交易机制的船队多目标优化

航运界对于船队规划问题的研究由来已久，相关理论及研究方法已较为成熟[57-60]，但目前专家学者大多侧重于探讨不同运输组织方式中船队规模及配置的高效决策问题，着眼于实现船队经济效益的最大化，忽视了船队长期发展对于环境的影响。下面对船队规划问题进行扩展，基于低碳背景，建立江海直达船队综合优化模型，决策在排放控制区及 METS 共同作用下船队的更新策略及运营航速，以最大限度地降低运输成本、减小船队排放。

5.3.1　两类船队规划模型

船队规划是对航企资源的科学配置及合理利用，属于运筹学中的组织优化问题。具体来说，船队规划是指根据一定时期内市场的需求情况对船队中各种船型的调度、更新及淘汰做出合理的决策，以实现船队利益最大化。

船队规划问题有多种分类方法。按照研究对象可将其分为两类，一类是针对现有船队的逐年优化问题，另一类是新建船队，即不考虑船队的原有构成，根据未来一段时间内的市场需求组建船队，并优化其最佳规模和结构，此类问题一般是为国家或政府机构引导市场发展所做的远景规划。这里研究的江海直达船队优化问题属于后者。

根据船队运输组织方式可将船队规划问题分为班轮船队规划、不定期运输船队规划，以及大宗散货运输船队规划。江海直达船队属于班轮船队，具有四定原则，即定航线、定港口、定班期、定运价。班期的制定对于班轮船队尤为重要，既决定船队的利润，又影响航线的声誉，因此在优化江海直达船队配置的同时必须考虑航速影响以制定合理的班次安排。

目前船队规划的主要方法有线性规划、动态规划、软件仿真等。下面对其中的线性规划和动态规划进行分析。

(1) 线性规划

线性规划用于解决最基本的船队规划问题，模型简单，易于求解。其优化模型为

$$\min Z = \sum_{t=0}^{N-1}(1+i)^{-t}\left\{\sum_{j=1}^{K}\left[\sum_{h=1}^{G}X_{jht}R_{jht}(1+i)^{-1}+O_{jt}F_{jt}+1.03S_{jt}C_{jt}\right]\right\} \quad (5\text{-}35)$$

式中，Z 为优化目标，研究期内船队总支出；X_{jht} 为决策变量，第 t 年在 h 航线上运营的 j 型船舶数量；O_{jt} 为决策变量，第 t 年闲置的 j 型船舶数量；S_{jt} 为决策变量，第 t 年购入的 j 型船舶数量；N 为研究期，即规划年限；G 为航线数；K 为可选船型数；i 为考虑资金时间价值的贴现率；R_{jht} 为第 t 年在 h 航线上 j 型船的单船年运营费用；C_{jt} 为第 t 年 j 型船的购置费用。

在线性规划模型的基础上，考虑不同运输方式(大宗散货运输、不定期船运输及班轮运输)特点及实际船队运营中的各种细节，一些学者对线性规划模型进行扩展，建立了非线性规划模型、混合整数非线性规划模型等。这些模型建模原理大体相似。

(2) 动态规划

动态规划是运筹学中解决多阶段规划的常用方法。船队规划属于中长期规划，采用动态规划的方法可以很好地将问题分解，简化计算过程。其规划过程可看作从初始状态到第 N 年逐年对船队规模、结构及调度做出的动态安排，可用图 5.8 描述。该动态规划模型可通过后退算法求解。

上述线性规划和动态规划模型以船队总成本为优化目标，并且对运输成本的考虑过于简单，仅将单船的运营成本作为定值计算，未考虑实际船队运营中航速对成本模型的非线性影响及其带来的排放问题。

5.3.2　低碳背景下江海直达船队综合优化模型

以长江航线某新建江海直达船队为对象，研究船队组建及未来 N 年内逐年更新问题，决策每年船队的最佳构成及各船型运营航速。由于运量需求及船型方案对船队优化问题有较大影响，因此在优化之前对不确定环境下的运量需求进行分

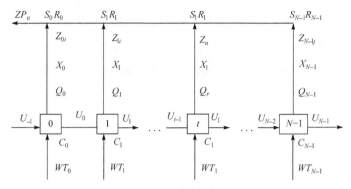

图 5.8　船队动态规划过程

析并优化江海直达船型方案。同时，考虑船队排放问题，将排放控制区及 METS 引入船队优化，构建低碳背景下船队综合优化模型，在最大限度降低船队成本的同时实现江海直达船队节能减排。

船队优化是个相当复杂的问题，涉及的因素很多，在不影响研究结果的前提下，对模型做如下假设。

① 所优化船队为一新建船队，即不考虑船队原有构成。

② 该航商只经营一条江海直达航线，即所有船舶均在该航线上运营。

③ 研究期为 N 年，以年为资金结算的时间单位，更新策略制定于年初，且制定后立即生效。

④ 共有 $2K$ 种船型可供船队选择，其中 K 种为普通船型，另外 K 种为与之对应的加装尾气处理装置的特种船型。

⑤ 所有新船均通过购置的方式加入船队，不考虑船舶租赁问题，同时假定船舶寿命大于研究期，即不考虑船舶淘汰问题。

⑥ 为简化计算过程，不考虑枯水期及丰水期对船队构成和航速的影响。

对于建立的模型，定义如下相关参数。

(1) 优化目标

Z_1 为船队在研究期内的总成本。

Z_2 为船队在研究期内的总排放量。

(2) 决策变量

S_{Ti} 为第 T 年购入的 i 型普通船数量，属于整型变量。

S_{Ti}^S 为第 T 年购入的 i 型特种船数量，属于整型变量。

O_{Ti} 为第 T 年闲置的 i 型普通船及特种船数量，属于整型变量。

O_{Ti}^S 为第 T 年闲置的 i 型特种船数量，属于整型决策变量。

R_{Ti} 为第 T 年改造的 i 型船数量，属于整型决策变量。

X_{Ti} 为第 T 年运营的 i 型普通船数量，属于整型决策变量。

X_{Ti}^S 为第 T 年运营的 i 型特种船数量，属于整型决策变量。

V_{Ti}^{nE} 为第 T 年 i 型普通船在非减排区航速，属于连续型决策变量。

V_{Ti}^E 为第 T 年 i 型普通船在减排区的航速，属于连续型决策变量。

V_{Ti}^S 为第 T 年 i 型特种船在航线上的航速，属于连续型决策变量。

(3) 参数设置

h_{Ti} 为第 T 年 i 型普通船的往返航次数。

h_{Ti}^S 为第 T 年 i 型特种船的往返航次数。

C_{FTi}^{nE} 为第 T 年 i 型普通船在非减排区往返航行燃料成本。

C_{FTi}^E 为第 T 年 i 型普通船在减排区往返航行的燃料成本。

C_{FTi}^S 为第 T 年 i 型特种船在航线上往返航行的燃料成本。

P_i 为 i 型普通船的售价。

P_i^S 为 i 型特种船的售价。

C_{Hi} 为 i 型船往返航次港口费。

C_{Ri} 为 i 型普通船年固定成本。

C_{Ri}^S 为 i 型特种船年固定成本。

C_{Ii} 为 i 型普通船年闲置成本。

CI_i^S 为 i 型特种船的闲置成本。

R_{Fi} 为 i 型普通船改造费用。

U_i 为 i 型船的额定载箱量。

Q_T 为第 T 年港口间的货运需求量。

i_0 为考虑资金时间价值的折现率。

5.3.3 基于排放控制区的燃料成本及排放量计算

由于江海直达航线经过排放控制区，且内河排放控制区实施方案正在大力推进中，因此在未来江海直达船队的优化中考虑排放控制区问题是十分重要的。基于不同排放控制区对策对单船运营的影响，我们对船队在排放控制区政策下的更新及运营策略进行如下细分。

(1) 购置特种船舶

通过购置装有尾气处理装置的特种船舶，保证船舶在排放控制区仍能使用价格低廉的 HFO。特种船舶与普通船型在售价上有所差异。

(2) 改造已有船舶

对已经购买并投入运营的普通船型加装尾气处理装置,将其改造为特种船舶。根据国外相关统计资料,旧船改造费大约比在设计初期加装尾气处理装置的费用高出 50%。

(3) 燃料转换

对于购置的普通船型,不采取改造措施。为满足排放控制区的要求,船舶在减排区域必须使用价格昂贵的低硫油。在这种情况下,船舶在非减排区和减排区将采用不同航速航行。

基于以上策略,不同船舶在航线上的燃料成本及排放量计算方法如下。

① 特种船型。对于航线上运营的特种船型(包括改造的普通船型),其在航线上的航速始终为 V_{Ti}^S。由于船舶单位时间内的燃料消耗量近似与其航速三次方成正比,因此其往返航次燃料消耗量为

$$f_{Ti}^S = k t_{Ti}^S g_{i0} \left(\frac{V_{Ti}^S}{V_{i0}} \right)^3 \tag{5-36}$$

式中,k 为燃料消耗系数;V_{i0} 为 i 型特种船的设计航速;g_{i0} 为 i 型船在设计航速时的日均燃料消耗量;t_{Ti}^S 为 i 型特种船在航线上的往返航行时间。

特种船舶在整个航行过程中均使用 HFO,因此其往返航次燃料成本及碳排放为

$$C_{FTi}^S = c^H f_{Ti}^S \tag{5-37}$$

$$E_{Ti}^S = e^H f_{Ti}^S \tag{5-38}$$

式中,c^H 为 HFO 的单价;e^H 为 HFO 的碳转换系数,可由表 5.3 确定。

② 普通船型。随着排放控制区的实施,普通船型在减排区及非减排区将使用不同的燃料,因此其燃料消耗量及其成本、排放量可由下式计算,即

$$f_{Ti}^{nE} = k t_{Ti}^{nE} g_{i0} \left(\frac{V_{Ti}^{nE}}{V_{i0}} \right)^3 \tag{5-39}$$

$$f_{Ti}^E = k t_{Ti}^E g_{i0} \left(\frac{V_{Ti}^E}{V_{i0}} \right)^3 \tag{5-40}$$

$$C_{FTi} = C_{FTi}^{nE} + C_{FTi}^E = c^H f_{Ti}^{nE} + c_T^E f_{Ti}^E \tag{5-41}$$

$$E_{Ti} = E_{Ti}^{nE} + E_{Ti}^E = e^H f_{Ti}^{nE} + e_T^E f_{Ti}^E \tag{5-42}$$

式中,f_{Ti}^{nE} 和 f_{Ti}^E 为普通船在非减排区和减排区往返航行时的航次燃料消耗量;t_{Ti}^{nE}

和 t_{Ti}^E 为普通船在非减排区和减排区往返航行的时间；c_T^E 和 e_T^E 为第 T 年普通船舶在减排区所用燃料的价格和碳转换系数。

我国内河排放控制区虽然已在 2016 年正式设立，但根据其实施方案，2016～2018 年间，船舶仅在排放控制区港口停靠时才需使用低硫油。2019 年起，规定船舶在排放控制区航行及停靠时均应使用低硫油。因此，设定 2019 年为排放控制区全面实施年份，即在 2019 年以前不考虑排放控制区对于船队优化问题的影响，因此 c_T^E 及 e_T^E 的取值存在以下情况，即

$$c_T^E = \begin{cases} c^H, & \text{在非减排区} \\ c^M, & \text{在减排区} \end{cases} \tag{5-43}$$

$$e_T^E = \begin{cases} e^H, & \text{在非减排区} \\ e^M, & \text{在减排区} \end{cases} \tag{5-44}$$

式中，c^M 和 e^M 为 LFO 的价格和碳转换系数。

5.3.4 基于航运业碳排放交易机制的船舶碳成本模型

(1) METS 的简化

根据文献[61]，以及对两种主要的碳排放机制的对比分析，可发现 METS 能更有效地促进航商自主减排。为将 METS 应用于船队优化问题，需对其进行一定程度的简化和改写。METS 在航运业的应用主要存在以下几个关键问题。

① 碳排放配额的分配方式。METS 中碳排放配额的分配目前存在两种形式，即免费分配和拍卖方式。如果全部采用免费碳排放配额，则航商的减排积极性得不到调动，这对于航运业持续性减排是不利的，采取拍卖分配的方式固然可以在很大程度上促进航商自主减排，但是这会极大地增加航运运输成本，不利于航运业的发展。比较合理的方式是采取折中的办法，将免费与拍卖两种方式结合起来，若船舶排放量在免费碳排放配额以内，则无需承担减排费用，若超过免费碳排放配额，则需以拍卖的方式获得额外的碳排放配额。

② 碳排放配额的交易模式。目前存在两种交易模式，一种是在行业内进行碳排放交易，即在不同航商之间进行碳排放配额的买卖，这种模式称为 Close ETS；另一种是跨行业进行碳排放交易，该种模式称为 Open ETS。Open ETS 比较灵活，有利于实现全球共同减排，但是由于不同行业的碳排放配额价格不同，因此存在价格博弈问题。为了简化 METS，规定航商只能采取 Close ETS，并且船舶只能与其他航商船队进行交易，而不能在本船队内部交易。

通过以上分析可构建适用于船队运营的 METS(图 5.9)。

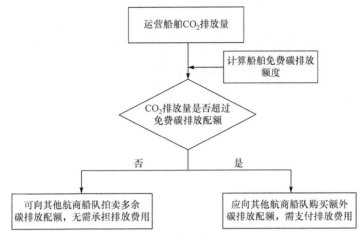

图 5.9 船队 METS

(2) 基于碳排放配额的船舶碳成本计算

上述 METS 的核心在于免费碳排放配额的确定。该参数是决定 METS 减排效果的关键，更是计算船队碳成本的基础。目前，国际通用方法是通过缔约国大会确定目标期国际航运业碳排放量上限，根据各船舶历史排放情况分配一定的碳排放配额。该方法执行起来较为复杂，需对其进行改进。

这里碳排放配额的确定主要借鉴 EEDI 及其基线公式。该指数要求所有 400 总吨以上的船舶强制执行新船能效设计相关规则。EEDI 表征船舶在完成单位货物运输任务时产生的碳排放量，对于内河船舶而言，其计算公式为

$$
\mathrm{EEDI_{Attained}} = \frac{\sum_{i=1}^{n\mathrm{ME}} P_{\mathrm{ME}(i)} C_{\mathrm{FME}(i)} \mathrm{SFC}_{\mathrm{ME}(i)} + \sum_{i=1}^{n\mathrm{AE}} P_{\mathrm{AE}(i)} C_{\mathrm{FAE}(i)} \mathrm{SFC}_{\mathrm{AE}(i)}}{\mathrm{capacity} V_{\mathrm{ref}}}
$$

$$
- \frac{\sum_{i=1}^{n\mathrm{eff}} f_{\mathrm{eff}(i)} P_{\mathrm{AEeff}(i)} C_{\mathrm{FAE}} \mathrm{SFC}_{\mathrm{AE}} + \sum_{i=1}^{n\mathrm{eff}} f_{\mathrm{eff}(i)} P_{\mathrm{eff}(i)} C_{\mathrm{FME}(i)} \mathrm{SFC}_{\mathrm{ME}(i)}}{\mathrm{capacity} V_{\mathrm{ref}}}
$$

(5-45)

式中，分子为船舶的碳排放量；分母为船舶运输任务。

与 METS 类似，EEDI 也存在基线值，随着时间的推移该基线值会不断折减，船舶的实际 EEDI 值必须小于该时期的基线值，即 $\mathrm{EEDI_{Attained}}$ 应满足

$$
\mathrm{EEDI_{Attained}} \leqslant \mathrm{EEDI_{Required}} = (1 - X/100) \times \mathrm{RLV}
$$

(5-46)

式中，X 为折减系数；RLV 为 EEDI 基线值。

EEDI 基线公式通过回归大量同类型船舶的 EEDI 值而来，可表示该类船型的平均能效水平。EEDI 基线公式可表示为

$$RLV = ab^{-c} \tag{5-47}$$

对于内河航行的不同船舶，相关参数的选取如表 5.7 所示。

表 5.7　EEDI 基线公式中相关参数

船型及航区		a	b	c
干散货船	A 级航区	76.23	船舶 DWT	0.2022
	B、C 级航区	359.4	船舶 DWT	0.4352
集装箱船		2940.0	船舶 DWT	0.5914
油船/化学品船		459.8	船舶 DWT	0.4132
客船		512.3	船舶 DWT	0.3702
客滚船		479.63	船舶 DWT	0.3869
滚装货船		994.84	船舶 DWT	0.3924

　　结合式(5-45)和式(5-47)，将二者进行一定形式的变形即可得到碳排放限值，以应用于 METS。单位时间内船舶碳排放上限可表示为

$$e_L = RLV \cdot \text{capacity} \cdot V_{\text{ref}} \tag{5-48}$$

具体对于 i 型集装箱船而言，e_L 可表示为

$$e_{Li} = 0.7a\text{DWT}_i^{1-c}V_{\text{ref}} \tag{5-49}$$

假设船舶往返航次的航行时间为 T_V，可得到船舶往返航次碳排放上限，即

$$e_{Li}{}^{\text{voyage}} = 0.7\text{DWT}^{1-c}V_{\text{ref}}T_V = 0.7a\text{DWT}^{1-c}S_{\text{voyage}} \tag{5-50}$$

式中，S_{voyage} 表示船舶往返航次的航行里程。

　　考虑一定的免费碳排放配额，在得到船舶往返航次燃料消耗的情况下，其碳排放交易额为

$$\text{Ce}_{LTi} = \lambda \left(E_{Ti} - \alpha_T e_{Li}^{\text{voyage}} \right) \tag{5-51}$$

$$\text{Ce}_{LTi}^{S} = \lambda \left(E_{Ti}^{S} - \alpha_T e_{Li}^{\text{voyage}} \right) \tag{5-52}$$

式中，λ 为碳排放配额价格，本书统一取为 200 元/t；Ce_{LTi} 和 Ce_{LTi}^{S} 为 i 型普通船和特种船的往返航次碳排放交易额，若二者为正值，表示船舶排放量大于免费碳排放配额，应承担相应成本，若二者小于 0，表示船舶排放量小于免费碳排放配额，可获得一定的碳收益，此时的成本增长为负值；α_T 为第 T 年的免费碳排放配额比例，借鉴 EEDI 中的折减系数，根据排放上限可确定船舶碳排放配额比例(表 5.8)。

表 5.8　METS 碳排放配额计划

交易对象	免费碳排放配额比例	拍卖碳排放配额比例	年份
	0.9	0.1	2016
	0.88	0.12	2017
碳排放配额	0.85	0.15	2018
	0.82	0.18	2019
	0.8	0.2	2020

5.3.5　基于排放控制区及航运业碳排放交易机制的船队多目标优化模型

基于以上分析，可最终建立低碳背景下江海直达船队多目标优化模型。
目标函数为

$$\min Z_1 = \sum_{T=1}^{N}\left(1+i_0\right)^{-T}\left\{\sum_{i=1}^{K}\left[X_{Ti}h_{Ti}\left(C_{FTi}+C_{Hi}\right)+S_{Ti}P_i+X_{Ti}C_{Ri}+O_{Ti}CI_i\right]\right\}$$

$$+\sum_{T=1}^{N}\left(1+i_0\right)^{-T}\left\{\sum_{i=1}^{K}\left[X_{Ti}^{S}h_{Ti}^{S}\left(C_{FTi}^{S}+C_{Hi}\right)+S_{Ti}^{S}P_i^{S}+X_{Ti}^{S}C_{Ri}^{S}+O_{Ti}^{S}CI_i^{S}\right]\right\}$$

$$+\sum_{T=1}^{N}\left(1+i_0\right)^{-T}\left[\sum_{i=1}^{K}\left(X_{Ti}h_{Ti}Ce_{LTi}+X_{Ti}^{S}h_{Ti}^{S}Ce_{LTi}^{S}+R_{Ti}R_{Fi}\right)\right] \tag{5-53}$$

$$\min Z_2 = \sum_{T=1}^{N}\sum_{i=1}^{K}\left(X_{Ti}h_{Ti}E_{Ti}+X_{Ti}^{S}h_{Ti}^{S}E_{Ti}^{S}\right) \tag{5-54}$$

约束条件如下。

(1) 运量约束为

$$\sum_{i=1}^{K}\left(X_{Ti}h_{Ti}U_i+X_{Ti}^{S}h_{Ti}^{S}U_i\right)\left(\beta_1+\beta_2\right)\geqslant Q_T \tag{5-55}$$

(2) 船队发展连续性约束为

$$X_{Ti}+O_{Ti}=\sum_{T=1}^{T}\left(S_{Ti}-R_{Ti}\right) \tag{5-56}$$

$$X_{Ti}^{S}+O_{Ti}^{S}=\sum_{T=1}^{T}\left(S_{Ti}^{S}+R_{Ti}\right) \tag{5-57}$$

(3) 船舶航次时间限制为

$$t_{Ti}^{nE}+t_{Ti}^{E}+t_{ih}+t_{iw}\leqslant t_l \tag{5-58}$$

$$t_{Ti}^{S}+t_{ih}+t_{iw}\leqslant t_l \tag{5-59}$$

(4) 航速范围限制为

$$V_{i\min} \leqslant V_{Ti}^{nE} \leqslant V_{i\max} \tag{5-60}$$

$$V_{i\min} \leqslant V_{Ti}^{E} \leqslant V_{i\max} \tag{5-61}$$

$$V_{i\min} \leqslant V_{Ti}^{S} \leqslant V_{i\max} \tag{5-62}$$

(5) 变量非负约束为

$$X_{Ti} \geqslant 0; \quad S_{Ti} \geqslant 0; \quad O_{Ti} \geqslant 0; \quad R_{Ti} \geqslant 0; \quad X_{Ti}^{S} \geqslant 0; \quad S_{Ti}^{S} \geqslant 0; \quad X_{Ti}^{S} \geqslant 0; \quad O_{Ti}^{S} \geqslant 0$$

$$\tag{5-63}$$

通过求解该优化模型，可在综合船队成本及排放量的情况下做出以下决策。

① 船队每年购置各种船型的数量，以及对船队普通船型进行改造的数量。

② 船队每年实际运营的船型及其数量，以及闲置的船型数量。

③ 各运营船型的最佳航速和航次安排。

5.4　船队综合优化模型求解

5.4.1　模型预处理

式(5-53)～式(5-63)构建的船队综合优化模型为大型混合整数非线性多目标优化模型，共有两个优化目标，$7 \times N \times K$ 个为整数变量，$3 \times N \times K$ 个为连续型变量，$(4K+1)N$ 个约束条件。目标函数和约束条件中均存在非线性关系，约束条件形式复杂，同时存在不等式约束及等式约束，求解起来难度较大。该优化模型中存在部分不确定性参数，在优化过程中难以处理。为有效解决该混合整数非线性模型，提高求解效率，可采取以下措施简化计算。

(1) 变量缩减

变量过多会极大地影响求解速度，甚至出现不收敛的情况，因此在不改变模型决策对象的前提下尽可能地减少变量个数对于快速求解问题是十分重要的。根据船队发展连续性约束中的等式关系，即式(5-46)与式(5-47)可知，船队中各船型的闲置数量可由购船数、改造数和实际运营的船型数量唯一确定，即

$$O_{Ti} = \sum_{i=1}^{T} (S_{Ti} - R_{Ti}) - X_{Ti} \tag{5-64}$$

$$O_{Ti}^{S} = \sum_{i=1}^{T} \left(S_{Ti}^{S} + R_{Ti}\right) - X_{Ti}^{S} \tag{5-65}$$

因此，可省略变量空间中相对而言不重要的 O_{Ti} 和 O_{Ti}^{S}。此时，船队发展连续性约束应表示为

$$\sum_{i=1}^{T}\left(S_{Ti} - R_{Ti}\right) - X_{Ti} \geqslant 0 \tag{5-66}$$

$$\sum_{i=1}^{T}\left(S_{Ti}^{S} + R_{Ti}\right) - X_{Ti}^{S} \geqslant 0 \tag{5-67}$$

(2) 约束条件简化

通过上述变量缩减措施，可将等式约束转换为不等式约束，从而减小对变量的限定，提高搜索能力。另外，可将原模型中的式(5-58)和式(5-59)简化为

$$t_{aT}^{\max} \leqslant t_{l} \tag{5-68}$$

式中，$t_{aT}^{\max}$ 表示第 T 年所有运营船舶往返航次时间的最大值。

由于智能优化算法具有一定的随机性，因此若搜索空间太大可能需要花费较多的时间找到问题的最优解，进一步对变量范围进行限定。在实际船队发展过程中，每年各种船型的购置数量存在一定的上限，其确定方法大致如下。

由式(5-58)和式(5-59)可得

$$h_{Ti} = \frac{D_T}{t_{Ti}^{nE} + t_{Ti}^{E} + t_{ih} + t_{iw}} \geqslant \frac{D_T}{t_l} \tag{5-69}$$

$$h_{Ti}^{S} = \frac{D_T}{t_{Ti}^{S} + t_{ih} + t_{iw}} \geqslant \frac{D_T}{t_l} \tag{5-70}$$

对于运量约束(5-55)可知，当运量需求恰好得到满足时，船队的优化结果是较好的，此时假设所有运力均由 i 型船承担，则可得到实际运营的 i 型船上限值。将式(5-69)和式(5-70)分别代入式(5-55)，适当变形可得

$$X_{Ti} \leqslant \frac{Q_T t_l}{D_T U_i \left(\beta_1 + \beta_2\right)} \tag{5-71}$$

$$X_{Ti}^{S} \leqslant \frac{Q_T t_l}{D_T U_i \left(\beta_1 + \beta_2\right)} \tag{5-72}$$

考虑船舶运营时应尽量避免船队运力过剩问题，可将每年船舶闲置数量设定为一个较小值 m，因此可以得到在不考虑往年船队构成的情况下，船队在第 T 年购置的各船型数量上限为

$$S_{Ti} \leqslant \frac{Q_T t_l}{D_T U_i \left(\beta_1 + \beta_2\right)} + m \tag{5-73}$$

$$S_{Ti}^{S} \leqslant \frac{Q_T t_l}{D_T U_i \left(\beta_1 + \beta_2\right)} + m \tag{5-74}$$

此时，第 T 年改造的各船型数量上限与式(5.74)相同。

上述限值均由理论推导而来，在实际计算过程中可根据优化结果进一步对变量范围进行缩减，以提高求解效率。

5.4.2　效果检验

为验证模型预处理的效果，选取一计算实例，采用单目标遗传算法对目标函数 Z_1 进行优化。相关参数设置为规划期 N=2，HFO 价格为 2500 元/t，MGO 价格为 4500 元/t。船型方案主要经济参数为表 5.9 所示(S 代表特种船)。

表 5.9　船型方案主要经济参数

船型	设计航速 /kn	主机功率 /kW	航速范围/kn	DWT/t	船价/万元	年固定成本 /万元	改造费 /万元
942TEU	11.4	2×1140	6.84~12.5	8593	4373.528	798.272	268.128
942TEU S	11.4	2×1140	6.84~12.5	8593	4561.856	819.459	—
770TEU	11.4	2×1030	6.84~12.6	7679	3812.485	735.155	242.256
770TEU S	11.4	2×1030	6.84~12.6	7679	3982.642	754.297	—

在此情况下，原模型中的变量数为 40，约束条件数为 18；经预处理之后，变量减少为 32 个，约束条件减少为 12 个，变量范围也有所缩小。编制遗传算法相关程序，将种群规模设为 50，船队优化模型处理前后优化过程如图 5.10 所示。

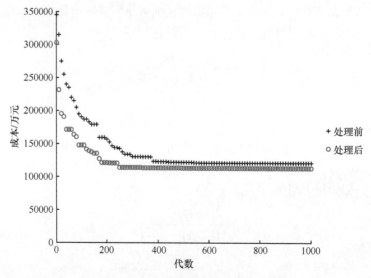

图 5.10　船队优化模型处理前后优化过程

处理前优化约在 400 代收敛，最终的优化结果为 120791 万元；经变量缩减及搜索空间优化等处理之后,优化约在 250 代收敛,最终的优化结果为 112604 万元。由此可知,经过上述预处理,既能加速收敛,又可以提高求解质量。模型处理后的优化结果如表 5.10 所示。

表 5.10 模型处理后的优化结果

年份	船型	购置数量	改造数量	闲置数量	运营数量	航速/kn		成本/亿元	排放量/万 t
						非排放控制区	排放控制区		
2018	942TEU	0	0	0	0	—	—	7.3498	2.6595
	770TEU	7	1	0	6	7.96	9.77		
	942TEU S	5	—	0	5	9.92			
	770TEU S	0	—	0	1	8.49			
2019	942TEU	3	0	0	3	9.46	9.45	3.9106	3.1980
	770TEU	0	5	1	0	—	—		
	942TEU S	2	—	0	5	8.59			
	770TEU S	0	—	0	6	9.69			
总计								11.2604	5.8575

单目标优化算法无法兼顾多个优化对象,并且只能为决策者提供一种较优方案,不利于最终决策方案的确定。

5.4.3 基于 NSGA-Ⅱ 的船队多目标优化问题求解

前面建立的多目标综合优化模型需同时优化船队总成本及碳排放量,二者可能存在相互冲突的情况,在实际优化过程中一般难以找到使两个目标同时最优的解决方案。对于此类问题,一般有两种处理方法。一种方法是采用各种方式将多目标转换为单目标优化问题,如目标加权法、约束法等。这种方法需人为设置某些参数,具有较强的主观性,优化结果具有一定的倾向性,无法客观评价解决方案的好坏。另一种方法是设计多目标智能算法,如多目标遗传算法、多目标蚁群算法、多目标粒子群算法等。这种方法能保留实际问题的多目标性,提供多个解决方案供决策者参考,提高优化结果的合理性,因此本书采用此方法解决船队多目标综合优化问题,选取非支配排序遗传算法 Ⅱ (non-dominated sorting genetic algorithm Ⅱ,NSGA-Ⅱ)求解该优化模型。

对船队规划的定义及主要方法进行简要分析发现,传统船队规划问题较少涉及航速及排放等因素,不利于船队的持续性发展,因此对其进行扩展。在对排放控制区及 METS 进行一定程度改写和简化的基础上,将二者引入船队优化,构建低碳背景下江海直达船队综合优化模型，决策新建船队逐年更新策略及最佳运营航速，减小船队成本及排放量。针对构建的多目标混合整数非线性规划模型，对其中的不确定参数进行预处理，并采取一系列措施提高效率、简化计算，为后续智能算法的设计和模型的高效求解奠定基础。

(1) NSGA-Ⅱ主要原理

NSGA-Ⅱ是目前使用最为广泛，影响最为深刻的多目标优化算法，由印度学者 Deb 于 2002 年基于 NSGA Ⅰ改进而来。该算法通过设计更快的非支配排序方法，降低传统排序过程的复杂度，加速算法选择过程；用拥挤度算子取代 NSGA Ⅰ中的共享函数，解决后者需要人为定义共享半径的缺陷，促进种群的多样性；引入精英保留策略，最大限度地保留优良个体，提高算法求解质量。下面将对 NSGA-Ⅱ的核心内容进行介绍。

① 快速非支配排序。在单目标遗传算法中，个体选择的标准是其适应值，适应值越大，个体被选取的几率也越大。对多目标优化问题而言，并不存在一个统一的比选指标，在此需用到"支配"的概念，根据个体间的支配情况对所有个体进行排序及分层，以完成选择过程。快速非支配排序的具体操作如下。

第一，对种群中每个个体 i，遍历所有其他个体，得到支配 i 的个体的数量 n_i。若 $n_i = 0$，则将个体 i 归入集合 Z_1 中，集合 C_1 中的所有个体处于同一非支配层，且其非支配序 $rank_i = 1$。

第二，假设集合 C_1 中元素个数为 N_1，因为已有 N_1 个个体完成排序，且其支配等级均为最小，因此对于剩余的任何个体 j 而言，支配 j 的个体数量应减少 N_1，即此时 $n'_j = n_j - N_1$。若 $n'_j = 0$，则将个体 j 存入集合 C_2，赋予其非支配序 $rank_i = 2$。

第三，对余下所有个体重复以上操作，直至所有个体均被分层，并被赋予相应的非支配排序。

② 拥挤度。种群多样性是决定种群持续发展的重要因素，在 NSGA-Ⅱ中，通过个体拥挤度来衡量这一指标。拥挤度表示个体 i 与其相邻个体在空间上的密集程度，可由周围个体构成的立方体的平均边长来量化。该立方体应仅包含个体 i，如图 5.11 所示。

个体 i 的拥挤度计算过程如下，若个体 i 处于某非支配层的边界，则将其拥挤度 d_i 定义为 ∞；对于其他个体，拥挤度计算公式为

$$d_i = \frac{1}{m} \sum_{j=1}^{m} \frac{f_j(i+1) - f_j(i-1)}{f_j^{\max} - f_j^{\min}} \tag{5-75}$$

式中，$f_j(i+1)$ 和 $f_j(i-1)$ 为点 $i+1$ 和点 $i-1$ 目标 j 的函数值；$f_j^{\max}$ 和 $f_j^{\min}$ 表示第 j 个目标函数的最大值和最小值。

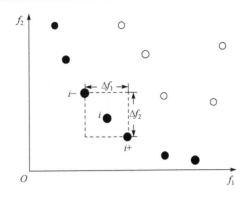

图 5.11　个体 i 的拥挤度图解

非支配序及拥挤度的计算为 NSGA-Ⅱ中个体的选择提供了依据。对于任意两个个体 i 与 j，首先比较二者非支配序的大小，若 $\mathrm{rank}_i < \mathrm{rank}_j$，则认为个体 i 优于个体 j，优先选择非支配序小的个体。若二者非支配序相等，则具有较大拥挤度的个体会被选择。

③ 精英保留策略。NSGA-Ⅱ引入了精英保留机制，可以防止优秀个体的流失。将经由遗传算子产生的子代种群 C_t 与父代种群 P_t 混合，可形成具有 $2N(N$ 为种群规模)个个体的种群 M_t，对 M_t 中所有个体进行非支配排序和拥挤度计算，先根据非支配等级从中提取个体，对处于相同非支配层中个体，则进一步通过其拥挤度进行选择，直至形成规模为 N 的新父代种群 P_{t+1}，然后对 P_{t+1} 进行交叉、变异等操作产生新的子代种群 C_{t+1}，再对 P_{t+1} 和 C_{t+1} 进行同样的操作，直至种群进化过程终结。精英保留策略图解如图 5.12 所示。

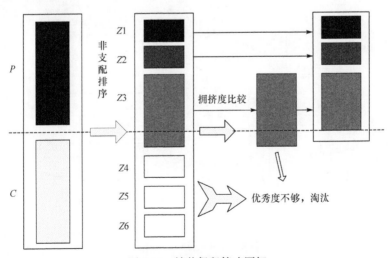

图 5.12　精英保留策略图解

(2) NSGA-Ⅱ流程

NSGA-Ⅱ的基本流程首先是种群的初始化，随机产生规模为 N 的初始种群 P_t，以该种群为父代种群，通过遗传算子产生子代种群 C_t，将 P_t 与 C_t 混合起来得到规模为 $2N$ 的种群 Q_t，对其所有个体进行快速非支配排序并计算个体拥挤度，根据精英保留策略从 Q_t 中选取 N 个个体形成第二代父种群 P_{t+1}，再对 P_{t+1} 进行交叉、变异等操作得到新的子代种群 C_{t+1}，重复以上过程直至优化过程结束。NSGA-Ⅱ流程图如图 5.13 所示。

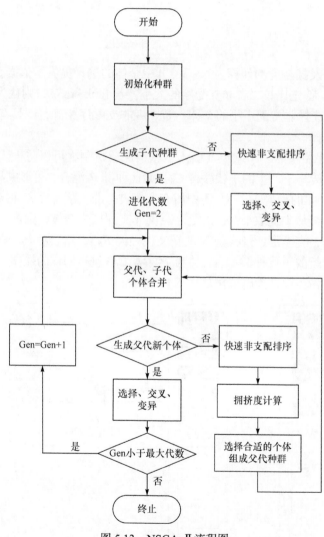

图 5.13　NSGA-Ⅱ流程图

(3) 船队综合优化中的 NSGA-Ⅱ设计

① 目标函数选取。NSGA-Ⅱ与标准遗传算法类似，均以函数最小值作为优化方向，因此可直接选取式(5-53)和式(5-54)作为目标函数，即以减小船队总成本和总排放量为优化目标。

② 变量表示形式。在遗传算法中，变量有多种编码方式，如二进制编码、浮点数编码、实数编码等。其中，实数编码较为简便，无需经过解码程序，所得的变量值可直接代表实际问题的解，因此其求解效率也相对较高。本书选取实数编码方式。变量的具体表示形式为 $P=\left\{D^1,D^2,\cdots,D^N\right\}$，其中 D^N 表示第 N 年对船队的决策集合，$D^N=\left\{S^N,S^{SN},R^N,X^N,V^{nEN},V^{EN},V^{SN}\right\}$，$S^N$ 为第 N 年购置所有普通船型数量的集合，$S^N=\left\{S^1,S^2,\cdots,S^K\right\}$。依此类推，其他参数的定义参见第4章优化模型的参数说明。

③ 初始种群产生机制。根据上述变量表示方法，染色体长度为 $8NK$，将种群规模设为 50，根据 5.3 节优化模型中的变量范围，随机产生 50 个满足变量约束的个体，对于其中的整型变量，在随机产生后需进行取整操作。

除了随机产生初始种群外，还可以将之前优化结果中的最后一代作为初始种群，继续进行优化，这样可以大大提高解的质量。

④ 多目标遗传算子设定。

第一，交叉算子。遗传算法中的交叉指两条父代染色体通过某种方式交换部分基因，得到后代染色体的过程，是产生新个体的主要方式。根据变量编码形式的不同，常见的交叉算子有单点交叉、多点交叉、均匀交叉等。对于用实数编码表示的个体，通常采用算术交叉算子，通过线性组合的方式产生后代，其过程可表示为

$$C_t^1=P_t^1+\omega\left(P_t^2-P_t^1\right) \tag{5-76}$$

$$C_t^2=P_t^2-\omega\left(P_t^2-P_t^1\right) \tag{5-77}$$

式中，C_t^1 和 C_t^2 为交叉操作产生的两个子代个体；P_t^1 和 P_t^2 为父代个体；ω 为交叉系数，可取为定值或随机数，为保证种群的多样性，其取值为

$$\omega=\text{rand}\cdot k \tag{5-78}$$

式中，rand 为(0, 1)范围内均匀分布的随机数；k 为比例系数，若 $k\in(0,1)$，则产生后代的变量值在父代范围内，为避免算法早熟现象，陷入局部最优解，可取 $k>1$，本书将该值设置为 1.2。

对于交叉算子而言，最重要的一个参数是交叉概率 f_c。该参数决定种群中的个体以多大的概率进行交叉，若产生的随机数小于 f_c，则两个个体需进行交叉操

作，反之不进行。如果 f_c 取值过小，则算法产生新个体的能力受限，导致初期较优个体迅速占领整个种群，不利于问题求解；设置较大的交叉概率可在一定程度上避免算法早熟现象的发生，但是可能引起收敛速度的下降。为此，结合 NSGA-Ⅱ原理，设置自适应交叉概率，随着种群进化代数及非支配层数量的变化，交叉概率会自发地发生变化，以保证最佳的求解效果。自适应交叉概率可以表示为

$$f_c(i) = f_{\min} + (f_{\max} - f_{\min})\frac{1}{N_{\text{front}}^i} \tag{5-79}$$

式中，$f_{\min}$ 和 $f_{\max}$ 为交叉概率最小值和最大值，可根据经验选取，本书取 0.6 和 0.95；N_{front}^i 为第 i 代种群中非支配层数量，当非支配层数量越小(算法趋于收敛)时，交叉概率越大。

第二，变异算子。变异是指以一定的概率使个体染色体上某些基因发生突变，从而产生新个体的过程。变异操作可促进种群多样性，提高算法的局部搜索能力，是产生新个体的辅助手段。根据编码形式及具体问题的不同，有多种变异算子可供选择，常见的有均匀变异、非均匀变异、多项式变异、高斯变异等。这里选取高斯变异算子来实现变异操作，具体表达式为

$$C_t(i) = P_t(i) + \beta(P^u(i) - P^l(i)) \tag{5-80}$$

式中，$C_t(i)$ 和 $P_t(i)$ 为子代个体和父代个体的第 i 个变量值；$P^u(i)$ 和 $P^l(i)$ 为第 i 个变量的上限值和下限值；β 为变异分布系数，在高斯变异算子中，其取值为

$$\beta = \text{randn} \cdot \text{scale}(1 - \text{shrink} \cdot t / t_{\max}) \tag{5-81}$$

式中，randn 为服从高斯分布的随机数；scale 为变异范围，一般而言 $\text{scale} \in (0,1)$，即在变量取值范围内发生变异，本书取 0.1；shrink 为缩减系数，随着迭代代数 t 的增大，变异分布系数 β 逐渐减小，本书将 shrink 设置为 0.5。

与交叉概率类似，变异概率 f_m 决定种群中个体发生变异的概率。为避免过多优秀个体的变异，加速收敛过程，f_m 的取值一般较小，范围在 0.01～0.1 内，本书取 0.05。

⑤ 带约束条件的 NSGA-Ⅱ选择机制。本书建立的船队多目标优化模型中含有 $2N(K+1)$ 个约束，其中运量需求及航次时间约束为非线性约束，共有 $2N$ 个，船型发展连续性约束为线性约束，共有 $2NK$ 个。在实际问题的求解过程中，变量约束必须得到满足，否则得到的解决方案不具有可行性。

在单目标优化中，约束问题一般通过引入惩罚参数来解决，对于多目标优化问题，此种方法并不适用。在 NSGA-Ⅱ中，一般采用基于快速非支配排序的选择机制来处理。

采用二元锦标赛法从规模为 $2N$ 的种群中随机选取个体 i 与 j，对二者进行比较后从中选取一个个体作为后代，根据个体的可行性及排序优劣可能存在以下几种情况。

第一，个体 i 可行而个体 j 不可行。

第二，个体 i 与个体 j 均可行，但是个体 i 支配个体 j，即存在 $\text{rank}_i < \text{rank}_j$，或者虽然 $\text{rank}_i = \text{rank}_j$，但是 $d_i > d_j$。

第三，个体 i 与个体 j 均不可行，但是个体 i 的约束冲突要小于个体 j，即存在 $\text{viol}_i < \text{viol}_j$，约束冲突可由个体违反约束值的大小表示，对于式(5-53)中的多目标优化模型，$\text{viol}_i = \sum_{s=1}^{S} \left| g_s(X_i) \right| + \sum_{t=1}^{T} \left| h_t(X_i) \right|$。

若存在上述情况，均认为个体 i 优于个体 j，从而个体 i 会被选择。将上述选择机制进行 N 次，可产生下一代种群。

5.5 实例计算及结果分析

以武汉至洋山航线江海直达船队为研究对象，决策在低碳背景下船队的组建及逐年更新问题。

5.5.1 规划期

规划期为 2018～2020 年，并假设从 2019 年起排放控制区政策在我国长三角区域全面实施。

5.5.2 船型方案

船队船型方案来自第 3 章优选得到的各载箱量级别最佳方案。为简化计算，选取 700TEU、800TEU、900TEU 级别的方案作为待选方案，并假定这三种方案均存在对应的特种船型(装有尾气处理装置)，即共有六种船型方案可供船队选择。待选方案船型参数如表 5.11 所示。船型方案主要经济参数如表 5.12 所示。

表 5.11 待选方案船型参数

船型方案/TEU	L_{pp}/m	B/m	D/m	T_d/m	T_s/m	C_b	V_0/kn	P_s/kW
942	145.2	25.6	10.24	4.5	6	0.8	11.4	2×1140
830	145.2	23.6	10	4.5	6	0.8	11.4	2×1030
770	139.2	23.6	9.92	4.5	6	0.8	11.4	2×1030

表 5.12　船型方案主要经济参数

船型方案/TEU	航速范围/kn	DWT/t	船价/万元		年固定成本/万元		改造费/万元
			普通船	特种船	普通船	特种船	
942	6.84～12.5	8593	4373.528	4561.856	798.272	819.459	268.128
830	6.84～12.4	7905	4036.392	4206.548	760.344	779.487	242.256
770	6.84～12.6	7679	3812.485	3982.642	735.155	754.297	242.256

5.5.3　计算结果及分析

(1) 基础情景时的计算结果

此时，HFO 价格为 2500 元/t，MGO 价格为 4500 元/t，这比较符合当前油价低迷的情况。为消除计算过程的偶然性，提高解的质量，采用两个规模为 50 的初始种群同时进行优化，算法达到终止代数大致需 500 s。将二者运行多次可以得到最后一代的优化结果，如图 5.14 所示。

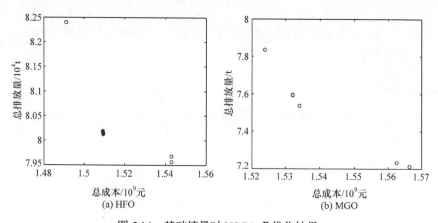

图 5.14　基础情景时 NSGA-II 优化结果

观察图 5.14，有以下发现。

① NSGA-II 可较好地解决本书的多目标优化问题，并且可在一定程度上保持解的多样性。

② 在构建的综合优化模型中，船队在优化年限内的总成本与总排放量并不能同时达到最优，在一定范围内二者存在反相关的情况。这是由于为减小排放量，船舶航速必然下降，在运量需求一定的情况下将引起所需船舶数量增大，进而增加的船舶购置费用大于降速航行而节省的燃料成本，导致船队总成本的增大。

③ 综合二者的优化结果可知，总成本的变化幅度为 5.04%，总排放量的变化幅度为 14.4%，说明总排放量受优化方案的影响更加明显。

将上述两组优化结果相结合，可以得到总成本最低和总排放量最小的两种船队优化方案(表 5.13 和表 5.14)。

表 5.13 基础情景时总成本最低的船队优化方案

年份	船型方案	购置数量	改造数量	闲置数量	运营数量	航速/kn 非排放控制区	航速/kn 排放控制区	成本/亿元	排放量/万 t
2018	942TEU	4	0	0	4	8.16	8.24	7.6743	2.1348
	830TEU	5	0	0	5	7.99	7.77		
	770TEU	4	0	0	4	8.66	8.19		
	942TEU S	0	—	0	0	—			
	830TEU S	0	—	0	0				
	770TEU S	0	—	0	0	—			
2019	942TEU	0	0	0	4	8.39	7.84	3.5958	2.7214
	830TEU	0	3	0	2	9.29	8.68		
	770TEU	0	1	0	3	7.74	7.82		
	942TEU S	2	—	0	2	9.01			
	830TEU S	0	—	0	3	8.66			
	770TEU S	0	—	0	1	8.49			
2020	942TEU	0	0	0	4	8.72	8.35	3.6173	3.3839
	830TEU	2	0	0	4	8.52	7.87		
	770TEU	0	0	0	3	8.85	8.92		
	942TEU S	0	—	0	2	9.01			
	830TEU S	0	—	0	3	7.91			
	770TEU S	1	—	0	2	9.28			

表 5.14 基础情景时总排放量最小的船队优化方案

年份	船型方案	购置数量	改造数量	闲置数量	运营数量	航速/kn 非排放控制区	航速/kn 排放控制区	成本/亿元	排放量/万 t
2018	942TEU	3	1	0	2	8.09	8.36	7.6838	2.1860
	830TEU	5	2	0	3	8.18	8.49		
	770TEU	5	0	0	5	8.04	8.28		
	942TEU S	0	—	0	1	9.02			
	830TEU S	0	—	0	2	8.28			
	770TEU S	0	—	0	0	—			

续表

年份	船型方案	购置数量	改造数量	闲置数量	运营数量	航速/kn 非排放控制区	排放控制区	成本/亿元	排放量/万 t
2019	942TEU	0	0	0	2	8.27	7.14	4.2213	2.2811
	830TEU	2	2	0	3	7.77	7.25		
	770TEU	2	5	0	2	7.66	7.12		
	942TEU S	0	—	0	1	7.82			
	830TEU S	0	—	0	4	7.57			
	770TEU S	0	—	0	5	7.45			
2020	942TEU	1	0	0	3	8.11	7.34	3.7571	2.7360
	830TEU	0	0	0	3	7.60	7.56		
	770TEU	0	0	0	2	7.74	7		
	942TEU S	2	—	0	3	7.82			
	830TEU S	0	—	0	4	7.58			
	770TEU S	0	—	0	5	7.45			

分析表 5.13 和表 5.14 的优化结果，可得如下结论。

① 两种方案下均无船舶闲置，说明优化结果较为合理。

② 在总成本最低的方案中，由于 2018 年排放控制区还未实施，因此运营船舶均为普通船型。

③ 随着排放控制区的正式实施，特种船数量逐年上升，并且大多由普通船型改造而来。在总排放量最低的优化方案中，特种船型逐渐成为主力船型，这是因为普通船型采用燃料转换策略，导致其燃料消耗较大。

④ 在排放控制区年限内,两种方案中均存在非排放控制区船舶航速大于排放控制区。

⑤ 在排放控制区年限内，成本最低的方案中船舶平均航速为 8.49kn，比排放量最低方案高 0.93kn，而其运营船舶数量比后者少 2 艘，这印证了图 5.14 中第二点发现。

(2) 高油价情景时的计算结果

假设燃料价格上涨，并且 HFO 与 MGO 价格差异增大，将二者分别设定为 3500 元/t 和 6500 元/t，研究燃料价格对船队综合优化结果的影响。同样，选取两个不同初始种群将 NSGA-Ⅱ程序运行多次，得到的优化结果如图 5.15 所示。

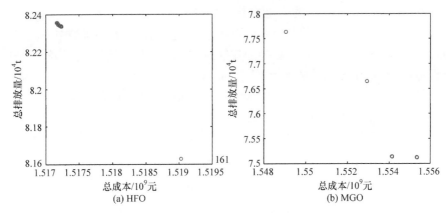

图 5.15   高油价情景时 NSGA-Ⅱ优化结果

优化结果中成本最低为 15.1717 亿元，较基础情景上升 1.91%；碳排放量最低为 7.5097 万 t，较基础情景上升 4.26%。我们重点对高油价情景，总成本最低的方案进行分析，该方案构成如表 5.15 所示。

表 5.15   高油价情景时总成本最低的船队优化方案

年份	船型方案	购置数量	改造数量	闲置数量	运营数量	航速/kn 非排放控制区	航速/kn 排放控制区	成本/亿元	排放量/万 t
2018	942TEU	4	0	0	4	9.59	9.21	7.3853	2.4686
	830TEU	6	0	0	6	8.67	8.67		
	770TEU	2	0	0	2	8.68	8.17		
	942TEU S	0	—	0	0	—			
	830TEU S	0	—	0	0	—			
	770TEU S	0	—	0	0	—			
2019	942TEU	0	1	0	3	8.39	7.82	4.3014	2.3798
	830TEU	1	4	0	3	8.14	7.52		
	770TEU	1	2	0	1	8.35	7.75		
	942TEU S	1	—	0	2	8.18			
	830TEU S	0	—	0	4	7.57			
	770TEU S	1	—	0	3	7.45			
2020	942TEU	0	1	0	2	8.32	7.94	3.4850	3.3872
	830TEU	2	1	0	4	8.69	8.62		
	770TEU	0	1	0	0	10.67	10.87		
	942TEU S	0	—	0	3	9.45			
	830TEU S	0	—	0	5	8.28			
	770TEU S	0	—	0	4	8.49			

对比表 5.13 和表 5.15 的优化结果可以发现，当燃料价格上涨时，船队的发展策略将产生较为明显的变化，主要体现在越来越多的特种船型将被引入。在基准情景下，规划末期船队中普通船型的数量为 11，特种船数量为 7；当油价平均上涨 42%时，船队中船舶总数保持不变，而特种船则上升至 12 艘。因此，在油价高涨时期，尤其是在排放控制区实施阶段，船队应大力发展特种船型。

(3) 不考虑 METS 时的优化结果

假设不考虑船舶碳排放交易所带来的成本或收益，即在基础情景中去除 METS，此时的优化结果如图 5.16 所示。

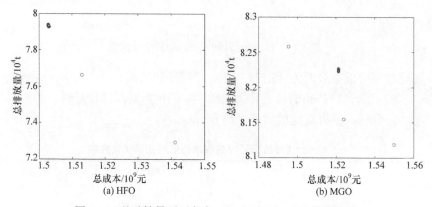

图 5.16　基础情景下不考虑 METS 时 NSGA-Ⅱ优化结果

此时成本最低为 14.9557 亿元，较基础情景上升 0.46%；最低排放量为 7.2928 万 t，较基础情景增大 1.25%。之所以出现这种结果，是因为基础情景中，存在船舶碳排放量低于免费碳排放配额的情况，此时在 METS 下会产生一定的收益，相当于减小了船队成本；当 METS 不存在时，无法产生碳收益，因此其成本相对增加，同时由于没有 METS 的激励作用，航商减排积极性下降，导致船队排放量增大。

(4) 不考虑排放控制区时的优化结果

为探讨排放控制区对优化结果的影响，在不考虑排放控制区的情况下对船队进行优化，即假设航线上不存在排放控制区，船舶无需使用价格高昂的 MGO。在此种情况下，船队只需购置普通船型，并且不必采用航速转换措施。

分别对基础情景(HFO=2500 元/t)和高油价情景(HFO=3500 元/t)下不考虑排放控制区的优化模型进行计算，总成本最低的优化方案如表 5.16 和表 5.17 所示。

表 5.16　无排放控制区时总成本最低的船队优化方案(HFO=2500 元/t)

年份	船型方案 /TEU	购置数量	闲置数量	运营数量	航速/kn	成本/亿元	排放量/万 t
	942	4	0	4	8.19		
2018	830	5	0	5	7.91	7.6746	2.1526
	770	4	0	4	8.50		
	942	1	0	5	7.82		
2019	830	2	0	7	7.91	3.7789	2.3809
	770	0	0	4	7.77		
	942	2	0	7	9.01		
2020	830	0	0	7	7.91	3.3721	3.3003
	770	0	0	4	8.49		

表 5.17　无排放控制区时总成本最低的船队优化方案(HFO=3500 元/t)

年份	船型方案 /TEU	购置数量	闲置数量	运营数量	航速/kn	成本/亿元	排放量/万 t
	942	4	0	4	9.01		
2018	830	7	0	7	8.66	7.4061	2.4567
	770	1	0	1	9.69		
	942	1	0	5	7.82		
2019	830	0	0	7	7.91	4.0973	2.3806
	770	3	0	4	7.77		
	942	0	0	5	8.59		
2020	830	0	0	7	7.91	3.6456	3.1347
	770	3	0	7	8.13		

在实际情况下,排放控制区已逐步实施,将上述方案作为决策方案代入考虑排放控制区的优化模型中,即保持船队更新策略与上述方案一致,船舶在非排放控制区使用 HFO,在排放控制区以相同航速使用 MGO 航行。将此时的计算结果与表 5.13 和表 5.15 对比,得到的优化结果差异如表 5.18 所示。

表 5.18　无排放控制区模型和排放控制区模型成本最低方案的优化结果差异

情景	成本差异/亿元	成本差异百分比/%	排放量差异/万 t	排放量差异百分比/%
基础情景	0.03	0.20	-0.4133	-5.02
高油价情景	0.1115	0.73	-0.2735	-3.32

由此可以发现，若不考虑排放控制区的实施，船队总成本将会增大，且随着燃料价格的上涨，成本增量可达千万元以上；相反，船队排放量会呈现一定程度的下降。

以上所有计算和分析过程深刻地揭示了排放控制区和 METS 在船队优化问题中的重要性。排放控制区在很大程度上影响着船队的更新策略，若不考虑排放控制区的实施，则船队需要承担更大的成本，但排放控制区的存在可能导致船队碳排放量增大，这是其不利的影响，而 METS 能够激励航商自主减排，可以在一定程度上解决排放控制区带来的排放量上升问题，因此二者的结合可以起到较好的耦合作用，使船队的发展兼顾成本和排放问题。

5.6　本章小结

本章对多目标优化问题进行简要介绍，重点研究 NSGA-II 的基本原理和操作流程。结合所建立的多目标综合优化模型，对 NSGA-II 中的核心内容进行设计，并调整部分参数达到高效求解的目的。以武汉至洋山航线江海直达船队为对象，基于运量预测和船型优选等工作，对船队进行综合优化，结果表明设计的 NSGA-II 可有效解决多目标综合优化问题。通过分析几种不同情况下的优化结果发现，METS 及排放控制区机制对船队优化问题影响深远，证明建立的低碳背景下的船队综合优化模型是有现实意义的。

参 考 文 献

[1] 吴光林, 严谨, 李芳成. 江海直达船船型特征及设计要点探讨. 船海工程, 2008, 37(6): 59-62.

[2] 秦江涛. 江海直达换代船型快速性能研究. 武汉: 武汉理工大学, 2014.

[3] 陈小雅. 基于知识的船舶需求与主尺度设计方法研究. 大连: 大连理工大学, 2014.

[4] Wu Y H, Shaw H J. Document based knowledge base engineering method for ship basic design. Ocean Engineering, 2011, 38(13): 1508-1521.

[5] 蔡薇. 绿色船舶机理、指标体系、绿色度及船舶大气污染算法研究. 武汉:武汉理工大学, 2004.

[6] 蔡薇. 绿色船舶技术. 武汉: 武汉理工大学, 2013.

[7] Michael T. Third IMO Greenhouse Gas Study 2014. Londnn: IMO, 2014.

[8] 吴君君. 面向能效设计指数的江海直达船设计研究. 武汉:武汉理工大学, 2011.

[9] 颜林. 国内船舶能效指数与CO_2排放基线实船研究. 武汉:武汉理工大学, 2011.

[10] 邢丰铄. 新造船舶能效设计指数及其限值研究. 大连: 大连海事大学, 2012.

[11] 王静. CO_2管制下的班轮运输企业经营问题研究. 大连: 大连海事大学, 2014.

[12] Bengtsson S, Andersson K, Fridell E. Life cycle assessment of marine fuels: A comparative study of four fossil fuels for marine propulsion. Gothenburg: Chalmers University of Technology, 2011.

[13] Chatzinikolaou S D, Ventikos N P. Assessment of ship emissions in a life cycle perspective. Life Cycle Assessment, 2013, 1(1): 1225.

[14] Georgakaki A, Coffey R A, Lock G, et al. Transport and environment database system (TRENDS): Maritime air pollutant emission modelling. Atmospheric Environment, 2005, 39(13): 2357-2365.

[15] Tincelin T, Mermier L, Pierson Y, et al. A life cycle approach to shipbuilding and ship operation// Proceedings of the International Conference on Ship Design and Operation for Environmental Sustainability, 2010: 1-10.

[16] Hou Q. Life cycle assessment of cruising ship superstructure. Uppsala: Uppsala University, 2011.

[17] Gratsos G A, Psaraftis H N, Zachariadis P. Life-cycle CO_2 emissions of bulk carriers: A comparative study. International Journal of Maritime Engineering, 2010, 152(A3): 119-134.

[18] 李碧英, 陈实. 船舶碳足迹计算. 中国船检, 2010, 1(10): 48-51.

[19] 周春锋. 基于LCA的船舶环境影响评价方法研究与应用. 武汉: 武汉理工大学, 2009.

[20] 廖文. 面向绿色设计的船舶材料生命周期评价方法及应用. 武汉: 武汉理工大学, 2010.

[21] 刘星. 面向船体材料选择的船艇绿色度分析研究. 武汉: 武汉理工大学, 2015.

[22] 黄子鉴. 基于船舶生命周期碳排放评估的新全球航运碳排放交易体系框架研究. 厦门: 厦门大学, 2014.

[23] 俞士将. 绿色船舶发展现状及方向分析. 船舶, 2010, 21(4): 1-5.

[24] 贺召强. 绿色指标评价在船舶再循环中的应用研究. 大连: 大连海事大学, 2007.

[25] 蒋春林. 基于EEP-LCA的三峡库区船舶绿色度评价体系研究. 武汉: 武汉理工大学, 2007.

[26] 黄泽慧. 国际海运碳交易机制下船舶减排措施优化研究. 上海: 上海交通大学, 2014.

[27] Change I C. Mitigation of climate change. Contribution of working group Ⅲ to the fourth assessment report of the intergovernmental panel on climate change, 2007.

[28] 顾伟红, 徐瑞华. 海运温室气体减排市场机制的不确定性. 上海海事大学学报, 2012, 33(3): 52-57.

[29] 顾伟红. 国际海运温室气体减排市场机制解析. 上海海事大学学报, 2013, 34(3): 17-21.

[30] Alvik S, Eide M S, Endresen Ø, et al. Pathways to low carbon shipping: Abatement potential towards 2030. Det Norske Veritas (DNV). Oslo, 2009.

[31] Marine Environment Protection Committee. Full report of the work undertaken by the expert group on feasibility study and impact assessment of possible market-based measures. MEPC, 61st session. London, 2010.

[32] 王在忠. 内河船舶分段航速节能优化研究. 大连: 大连海事大学, 2014.

[33] Luo M F. Emission reduction in international shipping-the hidden side effects. Maritime Policy & Management, 2013, 40(7): 694-708.

[34] 何惠明, 董国祥, 蒋永旭. 运输船舶在波浪中失速的近似估算. 上海船舶运输科学研究所学报, 2009, 32(2): 6-9.

[35] 隋洪波. 长江口区波浪分布及其双峰谱型波浪的统计特征. 青岛:中国海洋大学, 2003.

[36] Corbett J J, Winebrake J J, Green E H. An assessment of technologies for reducing regional short-lived climate forcers emitted by ships with implications for Arctic shipping. Carbon Management, 2010, 1(2): 207-225.

[37] 戴杜. 基于混合建模的生命周期评价方法. 上海: 上海交通大学, 2006.

[38] 徐计, 王国胤, 于洪. 基于粒计算的大数据处理. 计算机学报, 2015, 38(8): 1497-1517.

[39] Jolliet O, Margni M, Charles R, et al. IMPACT 2002+: A new life cycle impact assessment methodology. The International Journal of Life Cycle Assessment, 2003, 8(6): 324-330.

[40] 王玉振. 用简化 LCA 和矩阵法识别产品体系的环境因素. 中国环境管理, 2005, 4(1): 37-43.

[41] 李方义. 机电产品绿色设计若干关键技术的研究. 北京: 清华大学, 2002.

[42] 赵金楼, 戈钢, 李根, 等. 基于全生命周期的绿色船舶评价研究. 生态经济, 2013, 1(6): 80-84.

[43] 蔡九菊, 杜涛, 陆钟武, 等. 钢铁生产流程环境负荷评价体系的研究方法. 钢铁, 2002, 1(8): 66-70.

[44] 李兴福, 徐鹤. 基于 GaBi 软件的钢材生命周期评价. 环境保护与循环经济, 2009, 29(6): 15-18.

[45] 李碧英. 基于生命周期评价的船舶环境影响行为研究. 环境保护与循环经济, 2009, 29(7): 17-20.

[46] 万霖, 何凌燕, 黄晓锋. 船舶大气污染排放的研究进展. 环境科学与技术, 2013, 36(5): 57-62.

[47] 汤俊平. 废钢回收和加工. 钢铁技术, 2005, 1(4): 6-8.

[48] 刘志峰, 王进京, 张雷, 等. 铝合金与玻璃钢汽车引擎盖的生命周期评价. 合肥工业大学学报(自然科学版), 2012, 35(4): 433-438.

[49] Mei M L, Cai W, Wang S Q. On the study of a feasible LCA method for the ship carbon

emissions considering uncertainty correction//International Ocean and Polar Engineering Conference, 2017: 65-79.

[50] 曹文恺, 王慧. 气候变化背景下的航运业减排政策展望. 环境经济, 2011, 1(8): 55-59.

[51] Fagerholt K, Gausel N T, Rakke J G, et al. Maritime routing and speed optimization with emission control areas. Transportation Research Part C: Emerging Technologies, 2015, 52: 57-73.

[52] Patricksson Ø S, Fagerholt K, Rakke J G. The fleet renewal problem with regional emission limitations: Case study from roll-on/roll-off shipping. Transportation Research Part C: Emerging Technologies, 2015, 56: 346-358.

[53] Wang S, Meng Q. Sailing speed optimization for container ships in a liner shipping network. Transportation Research Part E: Logistics and Transportation Review, 2012, 48(3): 701-714.

[54] Fagerholt K. Ship scheduling with soft time windows: An optimisation based approach. European Journal of Operational Research, 2001, 131(3): 559-571.

[55] Andersson H, Fagerholt K, Hobbesland K. Integrated maritime fleet deployment and speed optimization: Case study from RoRo shipping. Computers & Operations Research, 2015, 55: 233-240.

[56] Jiang L, Kronbak J, Christensen L P. The costs and benefits of sulphur reduction measures: sulphur scrubbers versus marine gas oil. Transportation Research Part D: Transport and Environment, 2014, 28: 19-27.

[57] 杨秋平, 谢新连, 裴光石. 考虑船舶航速的船队规划非线性模型. 华南理工大学学报(自然科学版), 2011, 39(10): 119-126.

[58] 薛颖霞, 邵俊岗. 低碳经济背景下班轮航线配船. 中国航海, 2014, 37(4): 115-119.

[59] 高超锋, 肖玲, 胡志华. 考虑船舶油耗的集装箱班轮航线配船方案. 华中师范大学学报(自然科学版), 2014, 48(6): 840-846.

[60] 许欢, 刘伟, 尚雨廷. 低碳经济下班轮航线配船模型及其算法实现. 交通运输系统工程与信息, 2013, 13(4): 176-181.

[61] 顾伟红, 赵洁. 海运温室气体减排市场机制 ETS 和 GHG FUND 的比较研究. 武汉理工大学学报(交通科学与工程版), 2013, 37(2): 369-372.